El Gust d'Itàlia 2023

Descobreix les Delícies de la Cuina Italiana en la Teva Propia Cuina

Giuseppe Conti

TAULA DE CONTINGUTS

Creme brulee 9

Tasses de mascarpone i cafè 12

"muntanya" de castanyers 14

Púding de xocolata 17

Arròs amb xips de xocolata 19

Crema de caramel de cafè 21

Caramel de crema de xocolata 23

Crema de caramel amaretti 26

Xarop simple per a granit 29

Granit de llimona 30

Síndria congelada 32

granit de mandarina 34

Granita de vi de maduixa 36

Granit de cafè 38

Granit de cítrics i campari 40

Granit de préssec blanc i prosecco 42

sorbet de xocolata 44

Granita de llimona Prosecco 46

Granita de Prosecco Rosa 48

Gelat" 50

Gelat de llimona 52

gelat de ricotta 53

gelat de mascarpone 55

gelat de canyella 57

gelat espresso 59

Gelat de fruits secs i caramel 61

Gelat de mel amb torró 64

Gelat Amaretti 66

Gelat "ofegat" 68

Gelat amb vinagre balsàmic 69

Tòfones congelades 70

Tasses de crema d'ametlles 73

escuma taronja 76

semifreddo d'ametlla 78

Pastís de Cúpula Congelat Florentí 81

Salsa de mascarpone amb mel 84

Salsa Fresca Fresca 85

Salsa de fruita vermella calenta 86

Salsa de gerds tot l'any 87

salsa de xocolata calenta 89

la llengua del gat 90

Galetes de sèmola 93

Sona Vin Santo 96

Galetes Marsala 98

galetes de vi de sèsam 101

galetes de sèsam 103

pastissos d'anís 106

cebes al forn 109

Ceba amb vinagre balsàmic 111

Confit de ceba vermella 113

Amanida de ceba i remolatxa rostida 115

Ceba perlada amb mel i taronja 117

Pèsols amb ceba 119

Pèsols amb prosciutto i ceba verda 121

Pèsols dolços amb amanida i menta 123

Amanida de pèsols de Pasqua 125

pebrots rostits 127

Amanida de pebrot rostit 129

Pebrots rostits amb ceba i herbes 130

Pebrot al forn amb tomàquet 132

Pebrots amb vinagre balsàmic 134

pebrots en escabetx 136

Pebrots amb ametlles 138

Pebrots amb tomàquet i ceba 140

Pebrots farcits 142

Pebrots farcits a la napolitana 144

Pebrots farcits, estil Ada Boni 147

Pebrots fregits 149

Pebrots saltejats amb carbassó i menta 151

Terrina de pebrot rostit i albergínia 153

patates agredoles 156

Patates amb vinagre balsàmic 158

Broqueta de tonyina amb taronja 160

Tonyina i pebrot a la planxa, estil Molise 162

Tonyina a la planxa amb llimona i orenga 164

Filets de tonyina cruixents a la planxa 166

Tonyina a la planxa amb pesto de ruca 168

Estofat de tonyina i mongetes Cannellini 170

Peix espasa sicilià amb ceba 172

Patates venecianes 174

Patates "saltejades" 176

Patates i pebrots saltejats 178

Puré de patates amb julivert i all 180

Patates noves amb herbes i cansalada 182

Patates amb tomàquet i ceba 184

Patates rostides amb all i romaní 186

Patates rostides amb bolets 188

Patates i coliflor, estil Basilicata 190

Patates i col a la paella 192

Pastís de patata i espinacs 194

Croquetes de patates napolitanes 197

Pastís de patata napolitana del pare 200

tomàquets fregits 203

tomàquets al vapor 205

tomàquets al forn 206

Tomàquets farcits de Farro 208

Tomàquets farcits romans 210

Tomàquets rostits amb vinagre balsàmic 212

carpaccio de carbassó 214

Creme brulee

crema de bruciata

Dona 4 porcions

Al restaurant Il Matriciano de Roma, la crème brûlée es cou en grans paelles. La base de la crema és espessa i rica amb rovells d'ou i nata, i la part superior de caramel és dura, lleugera i cruixent com el caramel. Aquesta és la meva interpretació de la seva versió.

2 tasses de nata espessa

3 cullerades de sucre

4 rovells d'ou grans

1 culleradeta d'extracte pur de vainilla

Afegir

1/2 tassa de sucre

3 cullerades d'aigua

1. Col·loqueu una reixeta al centre del forn. Preescalfeu el forn a 300 ° F. Teniu a punt un plat de forn poc profund de 4 tasses i una reixeta per refredar.

2. En una cassola mitjana, combineu la nata i el sucre. Porteu a ebullició a foc mitjà, remenant per dissoldre el sucre.

3. Batre els rovells d'ou i la vainilla en un bol gran. Remenant constantment, aboqueu-hi la nata calenta i aboqueu la mescla a la safata del forn.

4. Col·loqueu la paella per rostir en un plat per rostir més gran. Poseu la paella al forn. Aboqueu amb cura aigua calenta a la paella més gran fins que arribi a una profunditat d'1 polzada al costat de la safata. Coure al forn de 45 a 50 minuts, fins que estigui ben fixa, però encara una mica suau al centre. Transferiu la paella a una reixeta perquè es refredi durant 30 minuts. Cobrir i refrigerar.

5. Fins a 12 hores abans de servir, combineu el sucre i l'aigua en una cassola petita i gruixuda. Coure a foc mitjà, remenant de tant en tant, fins que el sucre estigui completament dissolt, uns 3 minuts. Quan la barreja comenci a bullir, deixeu de remenar i deixeu-ho coure fins que l'almívar comenci a daurar-se per les vores. A continuació, remeneu suaument la paella al foc fins que l'almívar tingui un color marró daurat uniforme, uns 2 minuts més.

6.Utilitzeu una tovallola de paper per netejar la superfície de la barreja de nata freda a la safata de forn. Aboqueu amb compte el xarop calent per sobre. Torneu el plat a la nevera durant 10 minuts fins que el caramel estigui ferm.

7.Per servir, trenca el caramel amb la vora d'una cullera. Aboqueu la nata i el caramel en un plat de servir.

Tasses de mascarpone i cafè

Copa Mascarpone al Caffè

Dona 6 porcions

Tot i que el mascarpone es fa típicament a Llombardia, sovint s'utilitza en les postres venecianes. Aquest barreja cafè i aromes en mascarpone i nata, amb xocolata picada per donar-li textura. S'assembla al tiramisú, que també és del Vèneto, encara que no conté galetes.

No necessiteu cap equip elegant per fer espresso per a aquestes postres o cap de les altres d'aquest llibre. Podeu utilitzar una cafetera de degoteig normal o fins i tot un espresso instantani.

1/3 tassa de cafè exprés fort i calent

1/4 tassa de sucre

1/4 tassa de brandi o rom

4 unces (1/2 tassa) de mascarpone a temperatura ambient

1 tassa de nata o nata per muntar

1/2 tassa de xocolata semidolç picada (unes 2 unces)

1. Almenys 20 minuts abans d'estar a punt per fer les postres, poseu a la nevera un bol de mida mitjana i les batetes d'una batedora elèctrica. Combina el cafè exprés i el sucre. Remeneu fins que es dissol el sucre. Afegiu el conyac. Deixeu refredar a temperatura ambient.

2. En un bol gran, barregeu el mascarpone i el cafè fins que quedi suau. Agafeu el bol i traieu-lo de la nevera. Aboqueu la nata al bol i munteu la nata a gran velocitat fins que agafi suaument la seva forma quan s'aixequin les batedores, uns 4 minuts.

3. Utilitzeu una espàtula flexible per incorporar suaument la crema a la barreja de mascarpone. Reserveu 2 cullerades de xocolata per decorar i afegiu-hi la resta de xocolata al mascarpone.

4. Aboqueu la barreja en sis gots. Espolvorear amb la xocolata reservada. Cobrir i refrigerar 1 hora fins a tota la nit.

"muntanya" de castanyers

muntatge blanc

Dona 6 porcions

Aquesta muntanya de puré de castanyes, nata muntada i encenalls de xocolata rep el nom del Mont Blanc, Monte Bianco en italià, un dels Alps que separen França i Itàlia a la Vall d'Aosta.

Es bullen les castanyes fresques a la seva closca, després es pelen i es condimenten amb rom i xocolata per fer aquestes postres festives. Podeu evitar els passos de cocció i pelat substituint les castanyes cuites envasades al buit, senceres o a trossos, que es venen en pots o llaunes. Podeu preparar la major part de la recepta diverses hores abans de servir-la.

1 lliura de castanyes fresques o substituir 1 lliura de castanyes cuites sense sucre envasades al buit

1 culleradeta de sal

2 tasses de llet sencera

1/2 tassa de sucre

3 unces de xocolata agredolça, fosa

2 cullerades de rom fosc o clar o brandi

1 tassa de nata o nata per muntar

1/2 culleradeta d'extracte pur de vainilla

Xocolata agredolça ratllada per decorar

1. Si utilitzeu castanyes fresques, col·loqueu-les amb la cara plana cap avall sobre una taula de tallar. Feu servir un ganivet petit i afilat per fer una incisió a la closca sense tallar la castanya. Poseu les castanyes en una olla amb aigua freda fins que quedin cobertes per dos centímetres i sal. Porteu a ebullició i deixeu-ho coure fins que estigui tendre quan es travessa amb un ganivet, uns 15 minuts. Deixeu refredar una mica a l'aigua. Traieu les castanyes de l'aigua una a una i peleu-les mentre encara estiguin calentes, traient tant la closca exterior com la pell interior.

2. Poseu les castanyes pelades, o les castanyes envasades al buit, en una cassola mitjana. Afegir la llet i el sucre i portar a ebullició. Tapeu i deixeu coure, remenant de tant en tant, fins que les castanyes estiguin tendres però encara mantinguin la seva forma, uns 10 minuts per a les envasades al buit o 20 minuts per a les acabades de pelar.

3. Poseu les castanyes i el líquid de cocció en un robot de cuina juntament amb el rom. Processar fins que estigui suau, uns 3 minuts. Afegiu-hi la xocolata desfeta. Deixeu refredar a temperatura ambient.

4. Aboqueu la barreja en un processador d'aliments equipat amb una fulla de forat gran o en un espremedor de patates. Sostenint el molí sobre un plat de servir, enrotlleu la barreja de castanyes sobre la fulla per formar una forma de con o "muntanya". (Es pot preparar fins a 3 hores per endavant. Cobrir amb un embolcall de plàstic i guardar a temperatura ambient fresca.)

5. Almenys 20 minuts abans de servir, col·loqueu un bol gran i les batedores d'una batedora elèctrica a la nevera. Agafeu el bol i traieu-lo de la nevera. Aboqueu la nata al bol i munteu la nata a gran velocitat fins que agafi suaument la seva forma quan s'aixequin les batedores, uns 4 minuts.

6. Aboqueu la nata per sobre de la "muntanya" de castanyes i deixeu-la caure suaument de dalt com la neu. Decorar amb xocolata ratllada.

Púding de xocolata

Crema de xocolata

Dona 8 porcions

El cacau, la xocolata i la crema espessa fan que aquestes postres siguin rica, cremosa i saborosa. Serviu-ho en petites porcions amb nata i xocolata ratllada.

2/3 tassa de sucre

1 1/4 tassa de maizena

3 cullerades de cacau en pols sense sucre

1 1/4 culleradeta de sal

2 tasses de llet sencera

1 tassa de nata espessa

4 unces de xocolata agredolça o semi-dolça, picada, a més de més per guarnir (opcional)

1. En un bol gran, tamiseu 1/3 tassa de sucre, maizena, cacau i sal. Afegiu 1/4 tassa de llet fins que quedi suau i ben combinat.

2. En una cassola gran, combineu 1/3 tassa de sucre, 13/4 tassa de llet i nata. Coure a foc mitjà, remenant sovint, fins que el sucre s'hagi dissolt i la mescla bulli, aprox. 3 minuts.

3. Batre la barreja de cacau a la barreja de llet calenta amb una batedora. Cuini, remenant, fins que la barreja arribi a bullir. Reduïu el foc a baix i cuini fins que estigui espessit i suau, 1 minut més.

4. Aboqueu el contingut de la paella en un bol gran. Afegiu la xocolata i remeneu fins que es fongui i estigui suau. Tapeu bé amb un embolcall de plàstic, col·locant el paper d'alumini a prop de la superfície del pudding per evitar que es formi una pell. Refrigerar fins que estigui fred, de 3 hores a tota la nit.

5. Per servir, aboqueu el pudding en bols de postres. Decoreu amb una mica de xocolata picada, si voleu, i serviu.

Arròs amb xips de xocolata

Budino di Riso al Cioccolato

Dona 6 porcions

Aquest arròs cremós el vaig menjar a Bolonya, on els pastissos i els budins fets amb arròs són molt populars. No va ser fins que ho vaig provar que vaig descobrir que el que semblaven panses eren en realitat petits trossos de xocolata agredolça. La nata muntada il·lumina aquest ric pudding, elaborat amb arròs italià de gra mitjà. Serviu-lo sol o acompanyatSalsa de gerds tot l'anytampocsalsa de xocolata calenta.

6 tasses de llet sencera

³1/4 tassa d'arròs de gra mitjà, com ara Arborio, Carnaroli o Vialone Nano

¹1/2 culleradeta de sal

³1/4 tassa de sucre

2 cullerades de rom fosc o conyac

1 culleradeta d'extracte pur de vainilla

1 tassa de nata o nata per muntar

3 unces de xocolata agredolça, picada

1. En una olla gran, combineu la llet, l'arròs i la sal. Porteu la llet a foc lent i deixeu-ho coure, remenant de tant en tant, fins que l'arròs estigui ben tendre i la llet s'absorbeixi, uns 35 minuts.

2. Transferiu l'arròs cuit a un bol gran. Afegiu-hi el sucre i deixeu-ho refredar a temperatura ambient. Afegiu rom i vainilla.

3. Almenys 20 minuts abans d'estar a punt per fer les postres, col·loqueu un bol gran i bateu-ho amb una batedora elèctrica a la nevera.

4. Traieu el bol i les varetes de la nevera quan s'hagin refredat. Aboqueu la nata al bol i munteu la nata a gran velocitat fins que agafi suaument la seva forma quan s'aixequin les batedores, uns 4 minuts.

5. Amb una espàtula flexible, doblegueu la nata muntada i la xocolata picada a la barreja d'arròs. Servir immediatament o tapar i refrigerar.

Crema de caramel de cafè

Pa de cafè

Dona 6 porcions

Aquesta antiga recepta toscana té la consistència d'una crema de caramel, però no conté ni llet ni nata. El flam és ric, fosc i dens, però no tan pesat com si s'hagués fet amb nata. El nom italià mostra que antigament es couia en forma de pa com un pa, groller en italià.

2 tasses de cafè exprés fort i calent

1 1/2 dl de sucre

2 cullerades d'aigua

5 ous grans

1 cullerada de rom o conyac

1. Col·loqueu una reixeta al centre del forn. Preescalfeu el forn a 350 ° F. Prepareu 6 gots de flams a prova de calor.

2. En un bol gran, batem el cafè exprés amb 3/4 de tassa de sucre fins que el sucre es dissolgui. Deixeu fins que el cafè estigui a temperatura ambient, uns 30 minuts.

3. En una cassola petita i pesada, combineu els 3/4 de tassa de sucre i l'aigua restants. Coure a foc mitjà, remenant de tant en tant, fins que el sucre estigui completament dissolt, uns 3 minuts. Quan la barreja comenci a bullir, deixeu de remenar i deixeu-ho coure fins que l'almívar comenci a daurar-se per les vores. A continuació, remeneu suaument la paella al foc fins que l'almívar tingui un color marró daurat uniforme, uns 2 minuts més. Protegiu-vos la mà amb un guant de forn i immediatament aboqueu el caramel calent als gots de natilla.

4. En un bol gran, bateu els ous fins que quedin combinats. Afegiu el cafè fred i el rom. Aboqueu la barreja a través d'un colador de malla fina en un bol i, a continuació, afegiu-lo a les tasses de natilla.

5. Col·loqueu les tasses en una safata gran apta per al forn. Col·loqueu la paella al centre del forn i, a continuació, aboqueu aigua calenta a la paella a una profunditat d'1 polzada. Coure al forn durant 30 minuts o fins que el ganivet introduït a 1/2 polzada del centre de la crema surti net. Transferiu les tasses de la paella a la reixeta perquè es refredin. Tapa i refreda durant almenys 3 hores o tota la nit.

6. Per servir, passeu un petit ganivet per l'interior de cada got de nata. Invertiu en un plat de servir i serviu immediatament.

Caramel de crema de xocolata

Creme Caramel al Cioccolato

Dona 6 porcions

Crème caramel és un flam al forn suau i sedós. M'agrada aquesta versió, amb un gust de xocolata que vaig tenir a Roma.

Caramels

³1/4 tassa de sucre

2 cullerades d'aigua

Crema

2 tasses de llet sencera

4 unces de xocolata agredolça o semidulce, picada

³1/4 tassa de sucre

4 ous grans

2 rovells d'ou grans

1. Col·loqueu una reixeta al centre del forn. Preescalfeu el forn a 350 ° F. Prepareu 6 gots de flams a prova de calor.

2. Prepareu el caramel: barregeu el sucre i l'aigua en una cassola gruixuda. Coure a foc mitjà, remenant de tant en tant, fins que el sucre estigui completament dissolt, uns 3 minuts. Quan la barreja comenci a bullir, deixeu de remenar i deixeu-ho coure fins que l'almívar comenci a daurar-se per les vores. A continuació, remeneu suaument la paella al foc fins que l'almívar tingui un color marró daurat uniforme, uns 2 minuts més. Protegiu-vos la mà amb un guant de forn i immediatament aboqueu el caramel calent als gots de natilla.

3. Prepareu la nata: en una cassola petita, escalfeu la llet a foc lent fins que es formin petites bombolles al voltant de les vores. Retirar del foc. Afegiu-hi la xocolata i els 3/4 dl de sucre restants i deixeu-ho fins que la xocolata es fongui. Remeneu fins que es combini.

4. Batre els ous i els rovells en un bol gran fins que quedin combinats. Afegiu la xocolata amb llet. Aboqueu la barreja a través d'un colador de malla fina en un bol i, a continuació, afegiu-lo a les tasses de natilla.

5. Col·loqueu les tasses en una safata gran apta per al forn. Col·loqueu al centre del forn. Aboqueu amb cura aigua calenta a la paella a una profunditat d'1 polzada. Coure al forn de 20 a 25 minuts, o fins que un ganivet introduït a 1/2 polzada del centre

de la crema surti net. Transferiu les tasses de la paella a la reixeta perquè es refredin. Tapa i refreda durant almenys 3 hores o tota la nit.

6.Per servir, passeu un petit ganivet per l'interior de cada got de nata. Invertiu en un plat de servir i serviu immediatament.

Crema de caramel amaretti

os

Dona 8 porcions

Les flames solen ser suaus, però aquesta versió piemontesa és agradablement granosa perquè està feta amb galetes amaretti triturades. Sovint es cou en un bol i el nom prové d'una paraula dialectal per a la corona d'un barret. Prefereixo coure-ho en un motlle per a pastissos (no en un motlle amb forma de primavera) perquè és més fàcil de tallar i servir així.

Caramels

²/3 tassa de sucre

¹1/4 tassa d'aigua

Crema

3 tasses de llet sencera

4 ous grans

1 tassa de sucre

1 tassa de cacau en pols sense sucre processat als holandesos

¾ tassa de galetes amaretti italianes importades finament triturades (unes 12)

2 cullerades de rom fosc

1 culleradeta d'extracte pur de vainilla

1. Prepareu el caramel: barregeu el sucre i l'aigua en una cassola gruixuda. Coure a foc mitjà, remenant de tant en tant, fins que el sucre estigui completament dissolt, uns 3 minuts. Quan la barreja comenci a bullir, deixeu de remenar i deixeu-ho coure fins que l'almívar comenci a daurar-se per les vores. A continuació, remeneu suaument la paella al foc fins que l'almívar tingui un color marró daurat uniforme, uns 2 minuts més. Protegiu-vos la mà amb un guant de forn i aboqueu immediatament el caramel en un motlle per a pastissos de 8 o 9 polzades. Inclineu la paella per cobrir el fons i part dels costats amb caramel.

2. Col·loqueu una reixeta al centre del forn. Preescalfeu el forn a 325 ° F. Col·loqueu una safata prou gran com per subjectar la paella al centre del forn.

3. Prepareu la nata: escalfeu la llet a foc lent en una cassola gran fins que es formin petites bombolles al voltant de la vora.

4. Mentrestant, bateu els ous amb el sucre en un bol gran fins que s'acabi de combinar. Afegiu el cacau, les molles de pastís, el rom i la vainilla. Afegiu a poc a poc la llet tèbia.

5. Aboqueu la barreja de nati a través d'un colador de malla fina a la paella preparada. Col·loqueu la paella al centre de la paella. Aboqueu amb cura aigua molt calenta a la paella fins a una profunditat d'1 polzada.

6. Coure al forn durant 1 hora i 10 minuts, o fins que la part superior estigui fixada però el centre encara estigui lleugerament arrissat. (Protegiu-vos la mà amb un guant de forn, agiteu la paella suaument.) Teniu a punt una reixeta per refredar. Transferiu la paella a una reixeta perquè es refredi durant 15 minuts. Cobrir i refrigerar durant 3 hores fins a tota la nit.

7. Passeu un petit ganivet al voltant de la vora interior de la paella per treure el motlle. Gireu la crema en un plat. Tallar per servir immediatament.

Xarop simple per a granit

Fa 1 1/4 tassa

Si voleu fer granits en qualsevol moment, dobla o triplica aquesta recepta i guarda en un pot tancat a la nevera fins a dues setmanes.

1 tassa d'aigua freda

1 tassa de sucre

1. En una cassola petita, combineu l'aigua i el sucre. Porteu a ebullició a foc mitjà i deixeu-ho coure, remenant de tant en tant, fins que el sucre es dissolgui, uns 3 minuts.

2. Deixeu que l'almívar es refredi una mica. Abocar en un recipient, tapar i refredar fins que estigui llest per utilitzar.

Granit de llimona

Granit de llimona

Dona 6 porcions

L'últim refresc d'estiu: serviu-lo tal qual amb una falca de llimona i una branca de menta, o remeneu-lo en còctels d'estiu. La granita de llimona també és un bon affogato, que vol dir "ofegat", amb un raig de grappa o limoncello, el deliciós licor de llimona de Capri.

1 tassa d'aigua

2/3 tassa de sucre

2 1/2 dl de glaçons

1 culleradeta de ratlladura de llimona

1 1/2 tassa de suc de llimona acabat d'esprémer

1. En una cassola petita, combineu l'aigua i el sucre. Porteu a ebullició a foc mitjà i deixeu-ho coure, remenant de tant en tant, fins que el sucre es dissolgui, uns 3 minuts. Deixeu refredar una mica. Col·loqueu els glaçons en un bol gran i aboqueu el xarop sobre els glaçons. Remeneu fins que el gel es fongui. Refrigerar fins que estigui fred, aproximadament 1 hora.

2. Refredar una paella metàl·lica de 13 × 9 × 2 polzades al congelador. En un bol mitjà, combineu el xarop de sucre, la ratlladura de llimona i el suc de llimona. Traieu la paella del congelador i aboqueu-hi la barreja. Congelar durant 30 minuts o fins que es formi una vora d'1 polzada de cristalls de gel al voltant de les vores.

3. Remeneu els cristalls de gel al centre de la barreja. Torneu la cassola al congelador i continueu congelant, remenant cada 30 minuts, fins que tot el líquid quedi congelat, aprox. De 2 a 21/2 hores. Serviu immediatament o raspeu la barreja en un recipient de plàstic, tapeu i refrigereu fins a 24 hores.

4. Agafa qualsevol fora del congelador per suavitzar aprox. 15 minuts abans de servir.

Síndria congelada

Granita di Cocomero

Dona 6 porcions

El sabor d'aquest granit és tan concentrat i la frescor tan refrescant que fins i tot pot ser millor que la síndria fresca. És un dels preferits a Sicília, on els estius poden ser extremadament calorosos.

1 tassa d'aigua

1/2 tassa de sucre

4 tasses de trossos de síndria, sense llavors

2 cullerades de suc de llimona fresc o al gust

1. Barregeu l'aigua amb el sucre en una cassola petita. Porteu a ebullició a foc mitjà i, a continuació, cuini, remenant de tant en tant, fins que el sucre es dissolgui, uns 3 minuts. Deixeu refredar una mica, després refredeu fins que estigui fred, aproximadament 1 hora.

2. Refredar una paella metàl·lica de 13 × 9 × 2 polzades al congelador. Poseu els trossos de síndria en una batedora o processador d'aliments i barregeu-los fins que quedi suau.

Aboqui a través d'un colador de malla fina en un bol per treure qualsevol tros de llavors. Hauríeu de tenir unes 2 tasses de suc.

3. En un bol gran, barregeu el suc i el xarop. Afegiu suc de llimona al gust.

4. Traieu la paella del congelador i aboqueu-hi la barreja. Congelar durant 30 minuts o fins que es formi una vora d'1 polzada de cristalls de gel al voltant de les vores. Remeneu els cristalls de gel al centre de la barreja. Torneu la cassola al congelador i continueu congelant, remenant cada 30 minuts, fins que tot el líquid quedi congelat, aprox. De 2 a 21/2 hores. Serviu immediatament o raspeu la barreja en un recipient de plàstic, tapeu i refrigereu fins a 24 hores.

5. Agafa qualsevol fora del congelador per suavitzar aprox. 15 minuts abans de servir.

granit de mandarina

Granit mandarí

Dona 4 porcions

El sud d'Itàlia abunda en tot tipus de cítrics. Vaig tenir aquest granit a Tàrent, a Puglia. D'aquesta manera es pot preparar mandarina, tangelo, clementina o suc de mandarina.

No tingueu la temptació d'afegir més licor a aquesta barreja o l'alcohol pot evitar que es congeli.

1 tassa fredaxarop simple

1 tassa de suc de mandarina fresc (d'unes 4 mandarines mitjanes)

1 culleradeta de pell de mandarina acabada de ratllar

2 cullerades de licor de mandarina o taronja

1. Prepareu el xarop simple si cal i refrigereu. A continuació, col·loqueu una paella metàl·lica de 13 × 9 × 2 polzades al congelador.

2. En un bol gran, barregeu el suc, la ratlladura, el xarop i el licor fins que estiguin ben combinats. Traieu la paella freda del congelador i aboqueu-hi el líquid.

3. Col·loqueu la paella al congelador durant 30 minuts o fins que es formi una vora de cristalls de gel d'1 polzada al voltant de les vores. Remeneu els cristalls de gel al centre de la barreja. Torneu la cassola al congelador i continueu congelant, remenant cada 30 minuts, fins que tot el líquid quedi congelat, aprox. De 2 a 21/2 hores. Serviu immediatament o raspeu la barreja en un recipient de plàstic, tapeu i refrigereu fins a 24 hores.

4. Agafa qualsevol fora del congelador per suavitzar aprox. 15 minuts abans de servir.

Granita de vi de maduixa

Granita di Fragola al Vino

Dona de 6 a 8 porcions

Amb maduixes madures fresques, això és deliciós, però fins i tot les maduixes normals tenen un bon gust en aquest fang.

2 pintes de maduixes, esbandides i pelades

1/2 tassa de sucre o al gust

1 tassa de vi blanc sec

2 o 3 cullerades de suc de llimona fresc

1. Col·loqueu una safata de 13 × 9 × 2 polzades al congelador perquè es refredi. Talleu les maduixes per la meitat o, si són grans, a quarts. Combina les maduixes, el sucre i el vi en una cassola gran. Portar a ebullició i coure durant 5 minuts, remenant de tant en tant, fins que el sucre s'hagi dissolt. Retirar del foc i deixar refredar. Refrigerar fins que estigui fred, almenys 1 hora.

2. Aboqueu la barreja en un processador d'aliments o batedora. Puré fins que estigui suau. Afegiu suc de llimona al gust.

3. Traieu la paella freda del congelador i aboqueu la barreja a la paella. Col·loqueu la paella al congelador durant 30 minuts o fins que es formi una vora de cristalls de gel d'1 polzada al voltant de les vores. Remeneu els cristalls de gel al centre de la barreja. Torneu la cassola al congelador i continueu congelant, remenant cada 30 minuts, fins que tot el líquid quedi congelat, aprox. De 2 a 21/2 hores. Serviu immediatament o raspeu la barreja en un recipient de plàstic, tapeu i refrigereu fins a 24 hores.

4. Agafa qualsevol fora del congelador per suavitzar aprox. 15 minuts abans de servir.

Granit de cafè

Granita de Cafè

Dona 8 porcions

El Caffè Tazza d'Oro, a prop del Panteó de Roma, fa un dels millors cafès de la ciutat. A l'estiu, tant els turistes com els locals canvien al seu granita di caffè, un gelat de cafè exprés, que se serveix amb o sense un rajolí de nata acabada de muntar. És fàcil de fer i refrescant després d'un àpat d'estiu.

4 tasses d'aigua

5 culleradetes plenes de pols exprés instantani

De 2 a 4 cullerades de sucre

Crema batuda (opcional)

1. Col·loqueu una safata de 13 × 9 × 2 polzades al congelador perquè es refredi. Porteu l'aigua a ebullició. Retirar del foc. Afegiu el cafè exprés instantani en pols i el sucre al gust. Deixem refredar una mica, després tapem. Refrigerar fins que estigui fred, aproximadament 1 hora.

2. Traieu la paella freda del congelador i aboqueu-hi el cafè. Congeleu fins que es formi una vora de cristalls de gel d'1 polzada al voltant de les vores. Remeneu els cristalls de gel al centre de la barreja. Torneu la cassola al congelador i continueu congelant, remenant cada 30 minuts, fins que tot el líquid quedi congelat, aprox. De 2 a 21/2 hores.

3. Serviu immediatament, rematat amb la nata si s'utilitza, o raspa la barreja en un recipient de plàstic, tapeu i refrigereu fins a 24 hores.

4. Agafa qualsevol fora del congelador per suavitzar aprox. 15 minuts abans de servir.

Granit de cítrics i campari

Granita di Agrumi e Campari

Dona 6 porcions

El campari, un aperitiu de color vermell brillant, normalment es beu sobre gel o es barreja amb refresc abans d'un àpat. Per a aquest granit, es combina amb suc de cítrics. El campari té una agradable vora amarga que és molt refrescant i el granit té un bonic color rosat.

1 tassa d'aigua

1/2 tassa de sucre

2 tasses de suc d'aranja acabat d'esprémer

1 tassa de suc de taronja acabat d'esprémer

1 culleradeta de pell de taronja

¾ tassa Campari

1. Col·loqueu una paella de 13 × 9 × 2 polzades al congelador perquè es refredi durant almenys 15 minuts. Barregeu l'aigua i el sucre en una cassola petita. Porteu a ebullició a foc mitjà i, a continuació, deixeu-ho coure, remenant de tant en tant, fins que

el sucre s'hagi dissolt. Remeneu-ho bé. Retirar del foc i deixar refredar. Refredar l'almívar.

2. Barrejar xarop fred, suc, Campari i pell de taronja.

3. Traieu la paella freda del congelador i aboqueu la barreja a la paella. Col·loqueu la paella al congelador durant 30 minuts o fins que es formi una vora de cristalls de gel d'1 polzada al voltant de les vores. Remeneu els cristalls de gel al centre de la barreja. Torneu la cassola al congelador i continueu congelant, remenant cada 30 minuts, fins que tot el líquid quedi congelat, aprox. De 2 a 2 1/2 hores. Serviu immediatament o raspeu la barreja en un recipient de plàstic, tapeu i refrigereu fins a 24 hores.

4. Agafa qualsevol fora del congelador per suavitzar aprox. 15 minuts abans de servir.

Granit de préssec blanc i prosecco

Granita di Pesche i Prosecco

Dona 6 porcions

Aquest granit està inspirat en el Bellini, un deliciós còctel fet famós pel Harry's Bar de Venècia. Un Bellini s'elabora amb el suc de préssec blanc i prosecco, un vi blanc escumós de la regió del Vèneto.

El sucre granulat es barreja més fàcil que el sucre granulat, però si no el trobeu, utilitzeu-ne xarop simple demostrar.

5 préssecs blancs de maduresa mitjana, pelats i tallats a trossos

1 1/2 tassa de sucre superfi

2 cullerades de suc de llimona fresc o al gust

1 tassa de prosecco o un altre vi blanc escumós sec

1. Col·loqueu una paella de 13 × 9 × 2 polzades al congelador perquè es refredi durant almenys 15 minuts. En una batedora o processador d'aliments, combineu els préssecs, el sucre llustre i el suc de llimona. Barrejar o processar fins que el sucre estigui completament dissolt. Afegiu el vi.

2. Traieu la paella freda del congelador i aboqueu la barreja a la paella. Col·loqueu la paella al congelador durant 30 minuts o fins que es formi una vora de cristalls de gel d'1 polzada al voltant de les vores. Remeneu els cristalls de gel al centre de la barreja. Torneu la cassola al congelador i continueu congelant, remenant cada 30 minuts, fins que tot el líquid quedi congelat, aprox. De 2 a 21/2 hores. Serviu immediatament o raspeu la barreja en un recipient de plàstic, tapeu i refrigereu fins a 24 hores.

3. Agafa qualsevol fora del congelador per suavitzar aprox. 15 minuts abans de servir.

sorbet de xocolata

Sorbet de xocolata

Dona 6 porcions

Un sorbet és un postre congelat amb una textura suau que conté llet o clara d'ou per donar-li cremositat. Aquesta és la meva versió del sorbet que vaig prendre al Caffè Florian, una cafeteria històrica i un saló de te a la plaça San Marco de Venècia.

1/2 tassa de sucre

3 unces de xocolata agredolça, esmicolada

1 tassa d'aigua

1 tassa de llet sencera

1. En una cassola petita, combineu tots els ingredients. Porteu a ebullició a foc mitjà. Cuini, remenant constantment amb una batedora, fins que quedi ben integrat i suau, uns 5 minuts.

2. Aboqueu la barreja en un bol mitjà. Tapa i refrigera fins que es refredi.

3.Segueix les instruccions del fabricant al congelador o congela en cassoles poc profundes fins que estigui ferm però no dur, unes 2 hores. Raspau la barreja en un bol i bateu fins que estigui suau. Empaquetar en un recipient de plàstic, tapar i guardar al congelador. Servir en 24 hores.

Granita de llimona Prosecco

sgroppino

Dona 4 porcions

Als venecians els agrada acabar els àpats amb un sgroppino, un granit de sorbet de llimona sofisticat i cremós batut amb prosecco, un vi blanc escumós sec. S'ha de fer a darrera hora i és un postre divertit per fer a taula. M'agrada servir-lo en una copa de martini. Utilitzeu una palla de llimona de bona qualitat comprada a la botiga. No és tradicional, però la taronja també estaria bé.

1 tassa de sorbet de llimona

1 tassa de prosecco o un altre vi escumós sec molt fred

branquetes de menta

1. Diverses hores abans de planejar servir les postres, refredeu 4 gots alts o gots de parfait a la nevera.

2. Just abans de servir, traieu la palla del congelador. Deixeu-ho a temperatura ambient fins que estigui prou suau per treure'l, uns 10 minuts. Aboqueu la palla en un bol mitjà. Bateu fins que estigui suau i cremós.

3.Afegiu lentament el prosecco i bateu-ho breument amb una batedora fins que quedi cremós i suau. Aboqueu ràpidament el fang en copes de vi o copes de martini refrigerades. Decorar amb menta. Serviu immediatament.

Granita de Prosecco Rosa

Sgroppino alle Fragole

Dona 6 porcions

Si les maduixes fresques del vostre mercat no estan madures i fragants, proveu d'utilitzar maduixes congelades per a aquestes postres fàcils.

1 tassa de maduixes a rodanxes

1 a 2 cullerades de sucre

1 tassa de sorbet de llimona

1 tassa de prosecco o un altre vi escumós sec

Petites maduixes fresques o rodanxes de llimona per decorar

1. Diverses hores abans de planejar servir les postres, refredeu 6 gots alts o gots de parfait a la nevera.

2. Posa les maduixes i 1 cullerada de sucre en un processador d'aliments o batedora. Tritureu les baies fins que estiguin suaus. Tasta la dolçor. Afegiu més sucre si cal.

3. Just abans de servir, traieu la palla del congelador. Deixeu-ho a temperatura ambient fins que estigui prou suau per treure'l, uns 10 minuts. Aboqueu la palla en un bol mitjà. Bateu fins que estigui suau i cremós. Afegiu-hi el puré de maduixa. Afegiu-hi ràpidament el vi i bateu fins que la barreja sigui cremosa i llisa. Abocar en gots refrigerats. Decoreu amb maduixes o rodanxes de llimona i serviu immediatament.

Gelat"

Gelat de crema

Dona de 6 a 8 porcions

Un toc de sabor a llimona en aquest gelat lleuger i de gust fresc. M'encanta fer-ho quan les maduixes locals estiguin de temporada i servir-les juntes.

3 tasses de llet sencera

4 rovells d'ou

2/3 tassa de sucre

1 culleradeta d'extracte pur de vainilla

1 culleradeta de ratlladura de llimona

1. En una cassola mitjana, escalfeu la llet a foc mitjà fins que es formin petites bombolles al voltant de la vora de la cassola. No bulliu la llet. Retirar del foc.

2. En un bol resistent a la calor, batem els rovells d'ou i el sucre fins que quedin ben gruixuts i ben integrats. Afegiu-hi la llet

calenta, lentament al principi, sense parar de batre fins que s'incorpori tota la llet. Afegiu la ratlladura de llimona.

3. Torneu a abocar la barreja a la paella. Poseu la paella a foc mitjà. Cuini, remenant constantment amb una cullera de fusta, fins que el vapor comenci a sortir de la paella i la crema espesseixi una mica, uns 5 minuts.

4. Aboqueu la nata a través d'un colador de malla en un bol. Afegiu-hi la vainilla. Deixeu refredar una mica, després tapeu i refrigereu fins que estigui completament refredat, aproximadament 1 hora.

5. Congelar en una gelatera segons les instruccions del fabricant. Empaquetar el gelat en un recipient de plàstic, tapar i congelar fins a 24 hores.

Gelat de llimona

Gelat de llimona

Dona de 3 a 4 porcions

Necessites entre dues o tres llimones grans per obtenir prou suc i ratlladura per a aquest gelat senzill i deliciós.

1/2 tassa de suc de llimona acabat d'esprémer

1 cullerada de pell de llimona acabada de ratllar

1 tassa de sucre

1 pinta meitat i meitat

1. En un bol mitjà, combineu el suc de llimona, la ratlladura i el sucre i remeneu-ho bé. Deixar durant 30 minuts.

2. Afegiu-hi la meitat i la meitat i remeneu-ho bé. Aboqueu la barreja al recipient d'una gelatera i seguiu les instruccions del fabricant per a la congelació.

3. Empaquetar el gelat en un recipient de plàstic, tapar i congelar fins a 24 hores.

gelat de ricotta

Gelat de Ricotta

Dona de 6 a 8 porcions

El gelat de ricotta és un dels sabors preferits de Giolitti, una de les grans gelateries romanes. Cada nit d'estiu, grans multituds es reuneixen per comprar cons farcits dels seus deliciosos sundaes.

A la barreja del gelat es poden afegir unes quantes cullerades de xocolata picada o de festucs. Serviu aquest ric gelat en petites porcions, regat amb una mica de licor de taronja o rom si voleu.

Tant la pell de taronja confitada com la llimona estan disponibles a les botigues especialitzades italianes i de l'Orient Mitjà o per correu.fonts.

16 unces de ricotta fresca, sencera o parcialment desnatada

1/2 tassa de sucre

2 cullerades de Marsala dolça o seca

1 cullerada d'extracte pur de vainilla

1/2 tassa de nata freda o per muntar

2 cullerades de llimona picada

2 cullerades de pell de taronja confitada picada

1. Almenys 20 minuts abans d'estar a punt per fer les postres, col·loqueu un bol gran i bateu-ho amb una batedora elèctrica a la nevera. Col·loqueu la ricotta en un colador de malla fina sobre un bol. Utilitzeu una espàtula de goma per empènyer la ricotta pel colador i cap al bol. Bateu el sucre, el Marsala i la vainilla.

2. Agafeu el bol i traieu-lo de la nevera. Aboqueu la nata al bol i munteu la nata a gran velocitat fins que agafi suaument la seva forma quan s'aixequin les batedores, uns 4 minuts.

3. Amb una espàtula flexible, barregeu la nata, la sidra i la ratlladura a la barreja de ricotta. Raspau la barreja al bol d'una gelatera i congeleu-la segons les instruccions del fabricant.

4. Empaquetar el gelat en un recipient de plàstic, tapar i congelar fins a 24 hores.

gelat de mascarpone

gelat de mascarpone

Dona 4 porcions

El mascarpone el fa més ric que el gelat habitual.

1 tassa de llet sencera

1 tassa de sucre

1/2 tassa de mascarpone

1/2 tassa de suc de llimona acabat d'esprémer

1 culleradeta de ratlladura de llimona

1. Combina la llet i el sucre en una cassola petita. Coure a foc lent, remenant sovint, fins que el sucre s'hagi dissolt, uns 3 minuts. Deixeu refredar una mica.

2. Batre el mascarpone i batre fins que quedi suau. Afegiu el suc de llimona i la ratlladura.

3. Congelar en una gelatera segons les instruccions del fabricant.

4. Empaquetar el gelat en un recipient de plàstic, tapar i congelar fins a 24 hores.

gelat de canyella

Gelat de canyella

Dona 6 porcions

Un estiu a Itàlia fa uns anys es va servir amb aquest gelatSalsa de fruita vermella calenta, i me'l vaig menjar feliç una i altra vegada. El gelat és deliciós per si sol, o prova-ho ambsalsa de moka.

2 tasses de llet sencera

1 tassa de nata espessa

1 tira (2 polzades) de pell de llimona

1 1/2 culleradeta de canyella mòlta

4 rovells d'ou grans

1 1/2 tassa de sucre

1. Combina la llet, la nata, la ratlladura de llimona i la canyella en una cassola mitjana. Escalfeu a foc lent fins que es formin petites bombolles al voltant de les vores. Retirar del foc.

2. Batre els rovells d'ou i el sucre en un bol gran a prova de calor fins que estiguin espumosos. Aboqueu a poc a poc la llet calenta a la barreja de rovells d'ou, batent fins que es combini.

3. Torneu a abocar la barreja a la paella. Poseu la paella a foc mitjà. Cuini, remenant constantment amb una cullera de fusta, fins que el vapor comenci a sortir de la paella i la crema espesseixi una mica, uns 5 minuts.

4. Aboqueu el flam a través d'un colador de malla en un bol. Deixeu refredar. Cobrir i refrigerar durant almenys 1 hora o tota la nit. (Per refredar ràpidament la barreja de natilla, aboqueu-la en un bol en un bol més gran ple d'aigua gelada. Remeneu la barreja sovint.)

5. Congeleu la barreja en un congelador de gelats segons les instruccions del fabricant. Empaquetar el gelat en un recipient de plàstic, tapar i congelar fins a 24 hores.

gelat espresso

Gelat de Cafè

Dona de 6 a 8 porcions

A casa, la majoria dels italians preparen cafè en una olla especialment dissenyada a l'estufa. Empeny el vapor calent, no l'aigua calenta, a través del cafè, que és el que fa un espresso clàssic.

Però podeu fer un bon cafè amb grans de cafè exprés en una olla de degoteig normal. Només assegureu-vos que feu servir un espresso de bona qualitat i que sigui fort, especialment per a aquest gelat. Està coronat celestialment salsa de xocolata calenta.

2 tasses de llet sencera

2/3 tassa de sucre

3 rovells d'ou grans

1 tassa de cafè exprés fort

1. En una cassola petita, escalfeu la llet amb el sucre fins que es formin petites bombolles al voltant de les vores, uns 3 minuts. Remeneu fins que es dissol el sucre.

2. En un bol gran resistent a la calor, batre els rovells d'ou fins que estiguin grocs. Afegiu a poc a poc la llet tèbia. Aboqueu la barreja a la paella. Cuini a foc lent, sense parar de remenar amb una cullera de fusta, fins que surtin xiulets de vapor de la superfície i la mescla espesseixi una mica. Aboqueu immediatament la barreja a través d'un colador de malla fina en un bol. Afegiu el cafè preparat. Cobrir i refrigerar durant almenys 1 hora.

3. Congeleu la barreja en un congelador de gelats segons les instruccions del fabricant. Empaquetar el gelat en un recipient de plàstic, tapar i congelar fins a 24 hores.

Gelat de fruits secs i caramel

Gelato di Noci

Dona 6 porcions

Aboqueu una mica de rom o conyac sobre aquest gelat abans de servir.

1 1/4 dl de sucre

1 1/4 tassa d'aigua

1 tassa de nata espessa

2 tasses de llet sencera

5 rovells d'ou grans

1 culleradeta d'extracte pur de vainilla

3 1/4 tassa de nous

1. En una cassola petita i pesada, combineu el sucre i l'aigua. Coure a foc mitjà, remenant de tant en tant, fins que el sucre estigui completament dissolt, uns 3 minuts. Quan la barreja comenci a bullir, deixeu de remenar i deixeu-ho coure fins que l'almívar comenci a daurar-se per les vores. A continuació, remeneu

suaument la paella al foc fins que l'almívar tingui un color marró daurat uniforme, uns 2 minuts més.

2. Retireu la paella del foc. Quan deixi de bombollejar, aboqueu-hi la nata amb compte, ja que el caramel pot bombollejar. Quan s'ha afegit tota la nata, el caramel s'endureix. Torneu a posar la paella al foc. Cuini, remenant constantment, fins que el caramel estigui líquid i suau. Aboqueu la barreja en un bol gran.

3. A la mateixa paella, escalfeu la llet fins que es formin petites bombolles al voltant de la vora de la paella, uns 3 minuts.

4. En un bol mitjà resistent a la calor, bateu els rovells d'ou amb 1/4 tassa de sucre restant fins que estiguin ben combinats. Afegiu a poc a poc la llet tèbia. Aboqueu la barreja a la cassola i deixeu-ho coure a foc lent, sense parar de remenar, fins que surtin una mica de vapor de la superfície i la mescla quedi una mica espessa.

5. Immediatament aboqueu la barreja de rovell d'ou a través d'un colador de malla fina al bol amb el caramel. Afegiu la vainilla i remeneu fins que quedi suau. Cobrir i refrigerar durant almenys 1 hora.

6. Col·loqueu una reixeta al centre del forn. Preescalfeu el forn a 350 ° F. Repartiu les nous en una cassola petita. Coure al forn,

remenant una o dues vegades, durant 10 minuts o fins que estigui lleugerament torrat. Frega els trossos de nou amb una tovallola per treure part de la pell. Deixeu refredar. Talleu a trossos grans.

7. Congeleu la barreja en un congelador de gelats segons les instruccions del fabricant.

8. Quan el gelat estigui llest, afegiu-hi els fruits secs. Empaquetar el gelat en un recipient de plàstic, tapar i congelar fins a 24 hores.

Gelat de mel amb torró

Gelato di Miele al Torrone

Dona 6 porcions

Als italians els encanta la mel, sobretot si està feta per abelles que pol·linitzen flors oloroses i arbres com l'espígol i el castanyer. La mel s'unta sobre pa torrat, es regeix amb formatge i s'utilitza a la cuina. Aquest gelat està aromatitzat pel tipus de mel utilitzat, així que busqueu-ne un amb un sabor interessant.

Hi ha dos tipus de torrone a Itàlia. Un és un torró més suau, elaborat amb mel, clares d'ou i nous. El segon tipus, que és fàcil de fer a casa (vegeu ametlla boja), és un praliné dur, fet amb sucre, aigua i fruits secs. Els dos tipus de torrone també es venen en forma de pal i es troben a les botigues de queviures i a les pastisseries italianes, especialment al voltant de Nadal.

El topping de torrone és opcional, però molt bo. Es poden utilitzar tant suaus com durs.

2 tasses de llet sencera

4 rovells d'ou grans

1/2 tassa de mel

1 tassa de nata espessa

Unes 6 cullerades de rom o conyac

1/2 tassa de torrone, picat finament (opcional)

1. En una cassola mitjana, escalfeu la llet a foc lent fins que es formin petites bombolles al voltant de la vora de la cassola, uns 3 minuts.

2. En un bol gran a prova de calor, batre els rovells d'ou i la mel fins que quedi suau. Afegiu a poc a poc la llet tèbia. Aboqueu la barreja a la cassola i deixeu-ho coure a foc lent, sense parar de remenar, fins que pugi vapor de la superfície i la mescla espesseixi una mica.

3. Aboqueu immediatament la barreja a través d'un colador de malla fina en un bol. Afegiu la nata. Tapa i refrigera fins que estigui fred, aproximadament 1 hora.

4. Congeleu la barreja en un congelador de gelats segons les instruccions del fabricant. Envaseu el gelat en un recipient de plàstic. Tapa i congela fins a 24 hores. Serviu cada porció rematada amb un raig de rom o conyac i una mica de torrone triturat.

Gelat Amaretti

Gelat Amaretti

Dona de 6 a 8 porcions

Als italians els encanten els amaretti, pastissos d'ametlla lleugers i cruixents, sols o en les seves postres. Xips de galetes amaretti cruixents decoren aquest gelat. Serviu amb un raig de licor amaretto.

2 tasses de llet sencera

4 rovells d'ou grans

1/2 tassa de sucre

1 tassa de nata espessa

1 culleradeta d'extracte pur de vainilla

1 tassa de galetes amaretti triturades gruixudes

1. Escalfeu la llet en una cassola gran a foc lent fins que es formin petites bombolles al voltant de les vores, uns 3 minuts.

2. En un bol gran resistent a la calor, batre els rovells d'ou i el sucre fins que estiguin ben combinats. Afegiu-hi a poc a poc la llet

calenta, remenant constantment. Quan s'hagi afegit tota la llet, aboqueu la barreja a la cassola. Cuini a foc mitjà, sense parar de remenar, fins que s'aixequin xiulets de vapor de la superfície i la barreja espesseixi lleugerament.

3. Aboqueu immediatament la barreja a través d'un colador de malla fina en un bol. Afegir nata i vainilla. Tapa i refrigera fins que estigui fred, aproximadament 1 hora.

4. Congela el gelat en un congelador de gelats segons les instruccions del fabricant. Quan estigui congelat, hi afegim les molles. Empaquetar el gelat en un recipient de plàstic, tapar i congelar fins a 24 hores.

Gelat "ofegat"

Gelat Affogato

Dona 4 porcions

Qualsevol sabor de gelat es pot "ofegar" en un espresso calent, però les pacanes i la nata de caramel són dos dels meus preferits. El gel es fon fàcilment i crea una salsa cremosa. Podeu ometre els esperits si voleu.

4 culleradesdolços de pacanestampocGelat"

1/2 tassa de cafè exprés calent

2 cullerades de licor de taronja o amaretto (opcional)

1. Prepareu el gelat si cal. Posa el gelat en dos bols de servir.

2. Si feu servir licor, barregeu el cafè exprés i el licor en un bol petit i després aboqueu la barreja sobre el gel. Serviu immediatament.

Gelat amb vinagre balsàmic

Gelat balsàmic

Dona 4 porcions

El gel i el vinagre poden semblar una combinació estranya, i ho seria si es fes amb vinagre balsàmic normal. Per a aquestes postres úniques, populars a Parma, només s'ha d'utilitzar el millor balsàmic envellit com una salsa suau i lleugerament astringent a sobre del gelat dolç. La selecció del supermercat seria massa acurada.

4 cullerades de gelat de vainilla premium o iogurt congelat, oGelat", suavitzat

2 o 3 culleradetes de vinagre balsàmic ben envellit

Prepareu el gelat si cal. Col·loqueu el gelat en un plat de servir. Regar amb vinagre balsàmic. Serviu immediatament.

Tòfones congelades

tartufi

Dona 6 porcions

Des del meu primer viatge a Itàlia el 1970, no puc anar a Roma sense fer una breu parada a Tre Scalini a la Piazza Navona per prendre una tòfona. Aquest popular cafè és conegut des de fa anys per les seves delicioses tòfones congelades, boles de gelat enrotllades amb rics flocs de xocolata al voltant d'un cor de cirera àcid. Les tòfones congelades són fàcils de fer a casa i fan un postre festiu. Només assegureu-vos de mantenir-ho tot molt fred i treballar ràpidament. La millor eina per a això és una gran cullera de gel amb un mànec carregat amb molla per alliberar el gel.

4 unces de xips de xocolata semidolç

6 cireres italianes en almívar (cireres Amarena, disponibles en pots) o cireres al marrasquino barrejades amb una mica de brandi

2 cullerades d'ametlla picada

1 pinta de gelat de vainilla

1 pinta de gelat de xocolata

1. Folreu una petita safata metàl·lica amb paper de cera i poseu-la al congelador. Cobriu una safata de forn amb paper d'alumini.

2. A la meitat inferior d'una caldera doble o una cassola mitjana, poseu 2 polzades d'aigua a foc lent. Col·loqueu els trossos de xocolata a la meitat superior del bany marino o en un bol que encaixi còmodament sobre la paella. Deixeu reposar la xocolata fins que estigui tova, uns 5 minuts. Remeneu fins que estigui suau. Raspa la xocolata fosa al plat folrat amb paper d'alumini. Repartiu la xocolata de manera uniforme i fina sobre el paper d'alumini. Refredar a la nevera fins que estigui ferm, aproximadament 1 hora.

3. Quan la xocolata estigui dura, aixequeu el paper d'alumini de la paella i trenqueu la barra de xocolata en escates d'1/2 polzada amb una espàtula o amb els dits. Repartiu els flocs a la safata de forn.

4. Traieu la paella freda del congelador. Submergeix una cullerada gran de gelat en el gelat de vainilla, omplint-lo aproximadament a la meitat. Submergeix la bola en el gelat de xocolata i omple-la completament. Agafeu el gelat a la bola, feu un forat al centre i introduïu una de les cireres i unes quantes ametlles. Doneu forma al gelat sobre el farcit. Deixeu caure la safata del gelat sobre els flocs de xocolata i enrotlleu ràpidament el gelat mentre

premeu la xocolata contra la superfície. Utilitzeu una espàtula metàl·lica per aixecar-lo i transferir el gelat recobert a la paella freda. Torneu a posar la paella al congelador.

5. Feu 5 cons de gelat més de la mateixa manera. Tapeu les tòfones i la paella amb un film de plàstic abans de tornar a posar la paella al congelador. Congelar almenys 1 hora o fins a 24 hores abans de servir.

Tasses de crema d'ametlles

tortoni de galetes

Dona 8 porcions

Quan era gran, aquestes eren les postres estàndard dels restaurants italians, tal com ho ha estat el tiramisú durant els últims 15 anys. Tot i que pot ser passat de moda, segueix sent deliciós i fàcil de fer.

Per a unes postres més elegants, aboqueu la barreja en gots de parfait o ramequins. Les cireres marrasquines afegeixen un toc de color, però les pots deixar fora si ho prefereixes.

2 tasses de nata freda o batuda

1/2 tassa de sucre en pols

2 culleradetes d'extracte pur de vainilla

½ culleradeta d'extracte d'ametlla

2 clares d'ou, a temperatura ambient

Pessic de sal

8 cireres marrasquines, escorregudes i picades (opcional)

2 cullerades d'ametlles torrades ben picades

De 12 a 16 galetes amaretti italianes importades, finament triturades (aproximadament 1 tassa de molles)

1. Almenys 20 minuts abans d'estar a punt per muntar la nata, poseu a la nevera un bol gran i les batedores d'una batedora elèctrica. Folreu un motlle de magdalenes amb 8 papers plegats o paper d'alumini per a magdalenes.

2. Agafeu el bol i traieu-lo de la nevera. Aboqueu la nata, el sucre i els extractes al bol i bateu la mescla a gran velocitat fins que mantingui la seva forma quan s'aixequin les batedores, uns 4 minuts. Refrigerar la nata muntada.

3. En un bol gran i net amb una batedora neta, bateu les clares d'ou amb la sal a velocitat baixa fins que quedi espumosa. A poc a poc, augmenta la velocitat i bat fins que les clares agafin pics suaus quan s'aixequen les batedores. Amb una espàtula flexible, aboqueu amb cura les clares a la nata muntada.

4. Reserveu 2 cullerades de molles d'amaretti. Incorporeu les molles restants, les cireres i les ametlles a la barreja de nata. Aboqueu-los als gots de muffins preparats. Espolvorear amb les molles d'amaretti reservades.

5. Cobrir amb paper d'alumini i congelar durant almenys 4 hores o fins a tota la nit. Retirar de la nevera 15 minuts abans de servir.

escuma taronja

Spumone di Arancia

Dona 6 porcions

Spumone prové de spuma, que significa "escuma". Té una consistència més cremosa que el gelat normal perquè els rovells d'ou es couen amb el xarop de sucre calent per fer una crema espessa. Tot i que és ric en rovells d'ou, és lleuger i airejat per l'escuma d'ou i la nata.

3 taronges de melic

1 tassa d'aigua

3/4 tassa de sucre

6 rovells d'ou grans

1 tassa de nata freda o batuda

1. Peleu les taronges i traieu-ne el suc. (Hi ha d'haver 3 cullerades de pela i 2/3 tassa de suc.)

2. En una cassola mitjana, combineu l'aigua i el sucre. Porteu a ebullició a foc mitjà i, a continuació, deixeu-ho coure, remenant de tant en tant, fins que el sucre s'hagi dissolt.

3. Batre els rovells d'ou en un bol gran a prova de calor fins que quedin combinats. Afegiu lentament el xarop de sucre calent en un raig prim mentre remeneu constantment. Aboqueu la mescla a la cassola i deixeu-ho coure a foc lent, remenant amb una cullera de fusta, fins que espesseixi una mica i la barreja cobreixi lleugerament la cullera.

4. Aboqueu la barreja a través d'un colador de malla fina en un bol. Afegiu el suc de taronja i la ratlladura. Deixar refredar, després tapar i refrigerar fins que es refredi, almenys 1 hora. Poseu un bol gran i les batedores d'una batedora elèctrica a la nevera.

5. Just abans de servir, traieu el bol i les batedores de la nevera. Aboqueu la nata al bol i munteu la nata a gran velocitat fins que agafi suaument la seva forma quan s'aixequin les batedores, uns 4 minuts. Amb una espàtula flexible, aboqueu suaument la nata a la barreja de taronja.

6. Congelar en un congelador segons les instruccions del fabricant. Empaquetar en un recipient, tapar i congelar. Servir en 24 hores.

semifreddo d'ametlla

Semifreddo tot Mandorle

Dona 8 porcions

Semifreddo significa "mig fred". Aquest postre va rebre el seu nom perquè encara que estigui congelat, la seva textura es manté suau i cremosa. Es fon fàcilment, així que manteniu-ho tot ben fred mentre el prepareu.salsa de xocolata calentaés un bon acompanyament.

³1/4 tassa de nata freda o per muntar

1 culleradeta d'extracte pur de vainilla

³1/4 tassa de sucre

¹1/4 tassa d'aigua

4 ous grans, a temperatura ambient

6 galetes amaretti, ben triturades

2 cullerades d'ametlles torrades ben picades

2 cullerades d'ametlla tallada a rodanxes

1. Alineeu un motlle metàl·lic de 9 x 5 x 3 polzades amb embolcall de plàstic, deixant un voladís de 2 polzades als extrems. Refredar la paella al congelador. Almenys 20 minuts abans d'estar a punt per muntar la nata, poseu a la nevera un bol gran i les batedores d'una batedora elèctrica.

2. Quan estigui llest, traieu el bol i la batedora de la nevera. Aboqueu la nata i la vainilla al bol i bateu la nata a gran velocitat fins que agafi suaument la seva forma quan s'aixequin les batedores, uns 4 minuts. Torneu a posar el bol a la nevera.

3. En una cassola petita, combineu el sucre i l'aigua. Porteu a foc mitjà a foc mitjà i, a continuació, cuini, remenant de tant en tant, fins que el sucre estigui completament dissolt, uns 2 minuts.

4. En un bol gran, bateu els ous amb la batedora a velocitat mitjana fins que estiguin espumosos, aproximadament 1 minut. Batre lentament el xarop de sucre calent als ous en un raig prim. Continueu batent fins que la mescla sigui molt lleugera i esponjosa i refreda al tacte, de 8 a 10 minuts.

5. Amb una espàtula flexible, doblegueu suaument la nata muntada a la barreja d'ou. Incorporeu amb cura les molles de galetes i les ametlles picades.

6. Aboqueu la barreja al motlle preparat. Tapeu bé amb un embolcall de plàstic i congeleu-ho durant 4 hores fins a tota la nit.

7. Desempaquetar la paella. Inverteix un plat de servir a sobre de la paella. Mantingueu el plat i la paella junts i doneu-los la volta. Aixequeu la paella i traieu amb cura l'embolcall de plàstic. Espolvorear amb les ametlles tallades a rodanxes.

8. Tallar i servir immediatament.

Pastís de Cúpula Congelat Florentí

Carbassó

Dona 8 porcions

Inspirat en la cúpula del preciós Duomo, la catedral al cor de Florència, aquestes postres impressionants són bastant fàcils de fer, en part perquè utilitza pastís preparat.

Pastís de 1 lliure (12 unces).

2 cullerades de rom.

2 cullerades de licor de taronja

Complet

1 pinta de nata o nata per muntar

¼ tassa de sucre de rebosteria més més per guarnir

1 culleradeta d'extracte pur de vainilla

4 unces de xocolata semidolç, picada finament

2 cullerades d'ametlla tallada a rodanxes, torrades i refredes

baies fresques (opcional)

1. Almenys 20 minuts abans d'estar a punt per muntar la nata, poseu a la nevera un bol gran i les batedores d'una batedora elèctrica. Folreu un bol o paella rodó de 2 quarts amb embolcall de plàstic. Talleu el pastís a rodanxes de no més d'1/4 polzada de gruix. Talleu cada rodanxa per la meitat en diagonal, formant dues peces triangulars, i disposeu-les totes en un plat.

2. Combina el rom i el licor en un bol petit i aboca la barreja sobre el pastís. Col·loqueu tantes peces de pastís com necessiteu, una al costat de l'altra, apuntant cap avall, al bol per formar una capa. Cobriu la superfície interior restant del bol amb el pastís restant, tallant trossos perquè s'ajustin segons sigui necessari. Ompliu els forats amb trossos de pastís. Reserveu el pastís restant per a la part superior.

3. Prepareu el farcit: traieu el bol i les batedores de la nevera. Aboqueu la nata al bol. Afegiu el sucre llustre i la vainilla. Bateu a gran velocitat fins que la nata mantingui la seva forma quan s'aixequin les batedores, aprox. 4 minuts. Incorporeu amb cura la xocolata i les ametlles.

4. Aboqueu la barreja de nata a la cassola, amb compte de no molestar el pastís. Col·loqueu les rodanxes de pastís restants en una sola capa per sobre. Tapeu bé amb embolcall de plàstic i congeleu la paella durant 4 hores o durant la nit.

5. Per servir, traieu l'embolcall de plàstic i invertiu un plat de servir a sobre del bol. Mantingueu el plat i el bol junts i doneu-los la volta. Agafa el bol. Traieu l'embolcall de plàstic i empolseu-ho amb sucre llustre. Col·loqueu les baies al voltant del pastís. Tallar a trossos per servir.

Salsa de mascarpone amb mel

Salsa de mascarpone

Fa 2 tasses

Serviu-ho sobre baies fresques o sobrePastís de nous Marsala.

1/2 tassa de mascarpone

3 cullerades de mel

1/2 culleradeta de ratlladura de llimona

1 tassa de nata freda, muntada

En un bol gran, bateu el mascarpone, la mel i la ratlladura de llimona fins que quedi suau. Afegiu la nata muntada. Serviu immediatament.

Salsa Fresca Fresca

Salsina di Fragole

Fa 1 1/2 tassa

Els gerds també es poden preparar d'aquesta manera. Si feu servir gerds, coleu la salsa per treure les llavors.

1 litre de maduixes fresques, esbandides i pelades

3 cullerades de sucre o al gust

1/4 tassa de suc de taronja fresc

2 cullerades de licor de taronja, cassis o rom lleuger

Barregeu tots els ingredients en un processador d'aliments o batedora. Puré fins que estigui suau. Servir o transferir a un recipient hermètic i refrigerar fins a 24 hores.

Salsa de fruita vermella calenta

Salsina Calda di Frutti di Bosco

Fa aproximadament 2 1/2 tasses

Aquesta salsa és excel·lent per a gelats de llimona, mascarpone, canyella o "crema" o pastís senzill.

4 tasses de baies fresques barrejades, com ara nabius, maduixes, gerds i mores

1/4 tassa d'aigua

1/4 tassa de sucre o més

1. Rentar les baies i treure la pell o les tiges. Talleu les maduixes per la meitat o per quarts si són grans.

2. Combina les baies, l'aigua i el sucre en una cassola mitjana. Porteu a ebullició a foc mitjà. Cuini, remenant de tant en tant, fins que les baies estiguin suaus i el suc sigui lleugerament espes, uns 5 minuts. Tasteu i afegiu-hi més sucre si cal. Retirar del foc i deixar refredar una mica. Servir o transferir a un recipient hermètic i refrigerar fins a 24 hores.

Salsa de gerds tot l'any

Salsa Lampoon

Fa unes 2 tasses

Fins i tot quan les baies no són de temporada, encara podeu fer un bany fresc i deliciós. El sabor i el color de gerds van especialment bé amb postres i pastissos amb sabors d'ametlla i xocolata. Per a unes postres senzilles però boniques, també regeix aquesta salsa i algunes baies fresques sobre llesques fines de meló.

La salsa també es pot fer amb nabius congelats o maduixes o una combinació de baies. Si no trobeu baies en almívar, utilitzeu fruita sense sucre i afegiu-hi sucre al gust.

2 paquets (10 unces) de gerds congelats en xarop, parcialment descongelats

1 cullerdeta de maizena barrejada amb 2 cullerades d'aigua

Aproximadament 1 cullerdeta de suc de llimona fresc

1. Passeu les baies per un molí d'aliments equipat amb una fulla fina, o tritureu-les en un processador d'aliments i premeu-les a través d'un colador de malla fina.

2. Porteu el puré a ebullició en una cassola petita. Afegiu la barreja de maizena i cuini, remenant sovint, fins que espessi lleugerament, aproximadament 1 minut. Afegiu el suc de llimona. Deixeu refredar una mica. Servir o transferir a un recipient hermètic i refrigerar fins a 3 dies.

salsa de xocolata calenta

Salsa Calda amb xocolata

Fa unes 1 1/2 tasses

El cafè exprés intensifica el sabor de la xocolata en aquesta deliciosa salsa, però pots deixar-lo fora si ho prefereixes. Serviu amb gelat, semifreddo o pastissos senzills; Va bé amb una gran varietat de postres.

8 unces de xocolata agredolça o semidulce, picada

1 tassa de nata espessa

Col·loqueu la xocolata i la nata a sobre del bany marino o en un bol resistent a la calor sobre una olla amb aigua a foc lent. Deixar fins que la xocolata estigui tova. Remeneu fins que estigui suau. Serviu calent o transferiu-lo a un recipient hermètic i refrigereu-ho fins a 3 dies. Torneu a escalfar suaument.

Salsa moca calenta: Afegiu 1 culleradeta de cafè exprés instantani en pols amb la xocolata.

la llengua del gat

savoiardi

Fa 4 dotzenes

Aquestes galetes lleugeres i cruixents, anomenades Savoiardi, porten el nom de la casa reial de Savoia, que va governar la regió del Piemont des del segle XV i tota Itàlia des del 1861 fins a la Segona Guerra Mundial. Fan pastissos de te perfectes i queden molt bé amb gelats o fruites, però també es poden utilitzar en postres complexes com el tiramisú.

La fécula de patata s'utilitza per fer les galetes cruixents i lleugeres. Podeu trobar midó de patata a molts supermercats, o podeu substituir-lo per midó de blat de moro.

4 ous grans, a temperatura ambient

2/3 tassa de sucre

2 culleradetes d'extracte pur de vainilla

1 1/2 tassa de farina per a tot ús

1 1/4 tassa de midó de patata

Pessic de sal

1. Preescalfeu el forn a 400 ° F. Unteu i enfarineu 3 làmines de forn grans.

2. Separeu els ous. En un bol gran, bateu els rovells d'ou amb 1/3 tassa de sucre i la vainilla amb una batedora elèctrica a velocitat mitjana fins que quedin gruixuts i de color groc pàl·lid, aproximadament. 7 minuts.

3. En un bol gran i net amb una batedora neta, bateu les clares d'ou amb una mica de sal a baixa velocitat fins que estiguin escumoses. Augmenteu la velocitat a alta i afegiu gradualment 1/3 tassa de sucre restant. Batre fins que les clares tinguin pics suaus quan s'aixequin les batedores, aprox. 5 minuts.

4. Utilitzeu una espàtula de goma per doblegar aproximadament 1/3 de les clares als rovells per diluir-los. Afegiu a poc a poc les clares restants.

5. Poseu la farina i el midó en un colador petit de malla fina. Agiteu el colador sobre els ous i afegiu-hi amb cura però suaument els ingredients secs.

6. Aboqueu la massa en una pastissera gran equipada amb una punta d'1/2 polzada o una bossa de plàstic resistent amb una

cantonada tallada. (No ompliu la bossa més de la meitat.) Aboqueu la massa a les làmines de forn, formant troncs de 3 × 1 polzada, espaiats aprox.

7. Teniu a punt diversos bastidors de refrigeració de filferro. Coure les galetes durant 10 a 12 minuts, o fins que estiguin daurades i fermes quan es toquen lleugerament al centre.

8. Transferiu les làmines de forn a les reixes de refrigeració. Refredeu les galetes durant 2 minuts a les làmines de forn i, a continuació, transferiu-les a una reixeta perquè es refredi completament. Emmagatzemar en un recipient hermètic a temperatura ambient fins a 2 setmanes.

Galetes de sèmola

canestrelli

Fes 36

Canistrelli significa "petites cistelles". Cruixents i mantegoses, aquestes galetes de Ligur estan fetes amb sèmola, donant-los un color cremós i una textura lleugerament granulosa.

La sèmola és blat dur dur i daurat pàl·lid que s'ha mòlt fins a obtenir una textura semblant a la sorra. La sèmola pot ser fina o gruixuda. La sèmola fina sovint s'anomena farina de sèmola o farina de pasta. S'utilitza sovint per fer pa, sobretot a Sicília, i certs tipus de pasta i nyoquis, com arañoquis de sèmola romana. Els grans es poden comprar a molts supermercats, botigues d'aliments naturals i mercats ètnics o afonts de comandes per correu.

12/3 dl de farina per a tot ús

1 1/2 tassa de sèmola fina

1 1/2 culleradeta de sal

1 tassa (2 pals) de mantega sense sal, a temperatura ambient

1 1/2 tassa de sucre en pols

1 ou gran

1. En un bol gran, tamisar la farina, la sèmola i la sal junts.

2. En un bol gran amb una batedora elèctrica, bateu la mantega a velocitat mitjana fins que quedi lleugera i esponjosa, uns 2 minuts. Afegiu el sucre i bateu fins que quedi ben integrat, aprox. 1 minut més. Batre l'ou fins que es barregi.

3. Afegiu-hi els ingredients secs i barregeu-ho a velocitat baixa fins que quedi combinat. (No mescleu massa.) Agrupeu la massa en una bola i emboliqueu-la amb paper de plàstic. Refrigerar durant 1 hora fins a tota la nit.

4. Preescalfeu el forn a 350 ° F. Unteu 2 làmines de forn grans.

5. Sobre una superfície lleugerament enfarinada, estireu la massa amb un corró en un cercle de 9 polzades d'uns 1/4 polzades de gruix. Talleu la massa en cercles de 2 polzades amb un tallador de galetes o galetes. Col·loqueu-los a les làmines de forn preparades a aproximadament 1 polzada de distància.

6. Teniu a punt 2 bastidors de refrigeració. Coure al forn durant 13 minuts o fins que les galetes estiguin lleugerament daurades per les vores.

7.Transferiu les làmines de forn a les reixes de refrigeració. Deixeu que les galetes es refredin 5 minuts a les làmines de forn i, a continuació, les traslladeu a una reixeta perquè es refredin completament. Emmagatzemar en un recipient hermètic fins a 2 setmanes.

Sona Vin Santo

Ciambelline al Vin Santo

Fa unes 4 dotzenes

Vin Santo és un vi toscà de postres secs. Se sol servir com a acompanyament per submergir galetes, però aquí és el principal ingredient de sabor de les galetes en forma d'anell. Estan fetes amb oli d'oliva i no tenen ous ni mantega. Vin santo dóna a les galetes un subtil sabor de vi, mentre que la textura és tendra i esmicolada. La recepta la vaig rebre del xef del celler Selvapiana de la Toscana.

2 1/2 dl de farina per a tot ús

1 1/2 tassa de sucre

1 1/2 tassa d'oli d'oliva verge extra

1 1/2 tassa de vin sant

1. Preescalfeu el forn a 350 ° F. Teniu a punt 2 làmines de forn grans sense greix.

2. Combina la farina i el sucre en un bol gran amb una cullera de fusta. Afegiu l'oli i el vi i remeneu fins que quedi homogeni i ben integrat. Doneu forma a la massa en una bola.

3. Dividiu la massa en 6 seccions. Talleu una secció en 8 trossos. Enrotlleu cada peça entre els palmells de la mà en un tronc de 4 × 1/2 polzades. Doneu forma al tronc en un anell i pessigueu les vores per segellar. Repetiu amb la massa restant, col·locant els anells a 1 polzada de distància a les làmines de forn.

4. Teniu a punt 2 bastidors de refrigeració. Coure els anells durant 20 minuts o fins que estiguin daurats.

5. Transferiu les làmines de forn als bastidors. Deixeu que les galetes es refredin 5 minuts a les làmines de forn i, a continuació, les traslladeu a una reixeta perquè es refredin completament. Emmagatzemar en un recipient hermètic fins a 2 setmanes.

Galetes Marsala

Biscotti al Marsala

Fa 4 dotzenes

El sabor càlid i assolellat de Marsala realça aquestes galetes sicilianes. Podeu utilitzar Marsala sec o dolç. Assegureu-vos de servir-los amb una copa del mateix vi. Són semblants als anells de Vin Santo de l'esquerra, tot i que la textura és més lleugera i cruixent a causa dels ous i el llevat, i estan glasejats amb sucre.

2 1/2 dl de farina per a tot ús

2 culleradetes de llevat en pols

1 culleradeta de sal

1 tassa de sucre

1 1/2 tassa de Marsala seca o dolça

2 ous grans

1 1/4 tassa d'oli d'oliva verge extra

1 culleradeta d'extracte pur de vainilla

1. Preescalfeu el forn a 375 ° F. Unteu 2 làmines de forn grans.

2. En un bol gran, tamisar la farina, el llevat i la sal. Aboqueu 1/2 tassa de sucre en un bol petit i 1/4 tassa de Marsala en un altre.

3. Bateu els ous i 1/2 tassa de sucre restant en un bol gran fins que estiguin ben combinats. Batre la resta de 1/4 tassa de Marsala, l'oli i l'extracte de vainilla. Afegiu els ingredients secs amb una cullera de fusta. Pastar breument fins que quedi ben integrat i donar forma a la massa en una bola.

4. Dividiu la massa en 6 seccions. Talleu una secció en 8 trossos. Enrotlleu cada peça entre els palmells de la mà en un tronc de 4 × 1/2 polzades. Doneu forma al tronc en un anell i pessigueu les vores per segellar. Repetiu amb la massa restant.

5. Submergeix la part superior o inferior de cada anell primer en el vi i després en el sucre. Col·loqueu els anells amb el sucre cap amunt i 1 polzada entre ells a les làmines de forn preparades. Coure al forn de 18 a 20 minuts o fins que estigui daurat. Teniu a punt 2 bastidors de refrigeració.

6. Transferiu les làmines de forn als bastidors. Deixeu que les galetes es refredin 5 minuts a les làmines de forn i, a continuació, les traslladeu a una reixeta perquè es refredin

completament. Emmagatzemar en un recipient hermètic fins a 2 setmanes.

galetes de vi de sèsam

Biscotti di Vino

fa 2 dotzenes

Només una mica dolces, amb un toc picant de pebre negre, aquestes galetes napolitanes són fantàstiques per prendre amb una copa de vi i una mica de formatge.

2 1/2 dl de farina per a tot ús

1 1/2 tassa de sucre

1 1/2 culleradeta de llevat en pols

1 culleradeta de sal

1 culleradeta de pebre negre recent mòlt

1 1/2 tassa de vi negre sec

1 1/2 tassa d'oli d'oliva

1 clara d'ou, muntada a escuma

2 cullerades de llavors de sèsam

1. Preescalfeu el forn a 350 ° F. Teniu a punt 2 làmines de forn grans sense greix.

2. En un bol gran, barregeu la farina, el sucre, el llevat, la sal i el pebre. Afegiu el vi i l'oli d'oliva i remeneu fins que quedi ben integrat.

3. Doneu forma a la massa en una bola. Dividiu la massa en 4 trossos. Forma cada peça en un tronc de 10 polzades. Aplaneu una mica els bastonets. Pinteu amb clara d'ou i empolvoreu-ho amb llavors de sèsam.

4. Talleu els troncs en trossos de 3/4 de polzada. Col·loqueu les peces a una polzada de distància a les làmines de forn. Coure al forn durant 25 minuts o fins que estigui lleugerament daurat.

5. Teniu a punt 2 bastidors de refrigeració grans. Transferiu les làmines de forn als bastidors. Deixeu que les galetes es refredin 5 minuts a les làmines de forn i, a continuació, les traslladeu a una reixeta perquè es refredin completament. Emmagatzemar en un recipient hermètic fins a 2 setmanes.

galetes de sèsam

Biscotti Regina

fa 48

Els sicilians anomenen aquestes galetes regina o "reina" perquè són molt apreciades. Tot i que semblen bastant normals, el seu sabor de sèsam torrat és addictiu. Un porta invariablement a l'altre.

Busqueu llavors de sèsam fresques i sense closca als mercats ètnics i a les botigues d'aliments naturals. Aquestes galetes es feien originàriament amb mantega de porc. Els cuiners sicilians d'avui sovint utilitzen margarina, però prefereixo una combinació de mantega per donar sabor i escurçar per suavitzar.

4 tasses de farina per a tot ús

1 tassa de sucre

1 cullerada de llevat en pols

1 culleradeta de sal

1 1/2 tassa (1 pal) de mantega sense sal, a temperatura ambient

1 1/2 tassa d'escurça vegetal sòlida

2 ous grans, a temperatura ambient

1 culleradeta d'extracte pur de vainilla

1 culleradeta de ratlladura de llimona

2 tasses de llavors de sèsam sense closca

1/2 tassa de llet

1.Preescalfeu el forn a 375 ° F. Unteu i enfarineu dues làmines de forn grans o folreu-les amb pergamí.

2.Barregeu la farina, el sucre, el llevat i la sal en un bol gran amb una batedora elèctrica. A velocitat baixa, afegiu la mantega i l'escurçament una mica a la vegada fins que la barreja sembli molles gruixudes.

3.Batre els ous, la vainilla i la ratlladura de llimona en un bol mitjà. Incorporeu la barreja d'ou als ingredients secs fins que estigui suau i ben combinat, uns 2 minuts. Cobriu la massa amb paper de plàstic i refrigereu-la durant 1 hora.

4.Escampeu les llavors de sèsam sobre un tros de paper encerat. Poseu la llet en un bol petit al costat de les llavors de sèsam.

5. Traieu la massa de la nevera. Traieu una porció de la massa de la mida d'una pilota de golf i doneu-li forma a un tronc de 2 1/2 polzades de llarg i 3/4 polzades d'ample. Submergeix el pal a la llet i després enrotlla-lo amb llavors de sèsam. Col·loqueu el tronc a la safata de forn i aplaneu-lo lleugerament amb els dits. Continueu amb la massa restant, separant els pals d'una polzada.

6. Coure al forn de 25 a 30 minuts o fins que estigui ben daurat. Teniu a punt 2 bastidors de refrigeració grans.

7. Transferiu les làmines de forn als bastidors. Deixeu que les galetes es refredin 5 minuts a les làmines de forn i, a continuació, les traslladeu a una reixeta perquè es refredin completament. Emmagatzemar en un recipient hermètic fins a 2 setmanes.

pastissos d'anís

Biscotti d'Anice

Fa unes 3 dotzenes

L'anís, membre de la mateixa família de plantes que el fonoll, el comí i l'anet, es considera un ajut digestiu. Al sud d'Itàlia, les llavors d'anís s'utilitzen per aromatitzar licors de sopar com la sambuca i l'anís, donant a aquestes galetes el seu distintiu sabor de regalèssia. Per obtenir un sabor més pronunciat, afegiu una cullerada d'anís a la massa abans de coure.

2 ous grans, a temperatura ambient

1 cullerada de licor d'anís o extracte d'anís

1/2 tassa de sucre

1 tassa de farina per a tot ús

2 cullerades de maizena

1 cullerada de llevat en pols

1. Col·loqueu una reixeta al centre del forn. Preescalfeu el forn a 350 ° F. Unteu una safata quadrada de 9 polzades. Folreu el fons

de la paella amb paper encerat. Untar i enfarinar el paper. Raspa l'excés de farina.

2. Combina els ous, l'aiguardent i el sucre en un bol gran amb una batedora elèctrica. Comenceu a batre els ous a velocitat baixa i augmenteu gradualment la velocitat a alta. Continueu batent els ous fins que estiguin ben lleugers i esponjosos i tripliquin el seu volum, uns 5 minuts.

3. Poseu la farina, la maizena i el llevat en pols en un colador de malla fina. Remeneu el colador per sobre de la barreja d'ou i incorporeu-hi els ingredients secs a poc a poc amb una espàtula de goma. Aneu amb compte de no desinflar els ous.

4. Raspau la massa a la paella preparada i alliseu la part superior. Coure al forn de 20 a 25 minuts o fins que estigui ben posat quan es toqui lleugerament al centre i estigui daurat. Teniu a punt una safata de forn gran i una reixeta de refrigeració gran.

5. Traieu la cassola del forn, però deixeu el forn encès. Passeu un petit ganivet per les vores de la paella. Gireu el pastís sobre una taula de tallar.

6. Augmenteu la temperatura del forn a 375 ° F. Amb un ganivet llarg de serra, talleu el pastís a tires de 3 polzades. Talleu cada tira transversalment en rodanxes de 3/4 polzades de gruix.

Col·loqueu les rodanxes en una sola capa en una safata de forn gran. Coure les rodanxes durant 7 minuts o fins que estiguin torrades i daurades.

7. Traieu les galetes del forn i transferiu-les a una reixeta perquè es refredin. Emmagatzemar en un recipient ben tapat fins a 2 setmanes.

cebes al forn

Cipollé al Forno

Dona de 4 a 8 porcions

Aquestes cebes es tornen suaus i dolces quan es cuinen; prova-les amb carn rostida.

4 cebes mitjanes blanques o vermelles, pelades

½ tassa de molla de pa sec

¼ tassa de Parmigiano-Reggiano o Pecorino Romano ratllat

2 cullerades d'oli d'oliva

Sal i pebre negre recent mòlt

1. Porteu una olla mitjana d'aigua a ebullició. Afegiu les cebes i reduïu el foc perquè l'aigua bulli a foc lent. Coure 5 minuts. Deixeu refredar les cebes a l'aigua de la paella. Escorreu les cebes i talleu-les a la meitat transversalment.

2. Col·loqueu una reixeta al centre del forn. Preescalfeu el forn a 350 ° F. Unteu una safata de forn prou gran com per contenir les cebes en una sola capa. Poseu les cebes a la paella amb la part

tallada cap amunt. En un bol petit, barregeu el pa ratllat, el formatge, l'oli d'oliva i la sal i el pebre al gust. Poseu el pa ratllat sobre les cebes.

3.Coure al forn durant 1 hora o fins que les cebes estiguin daurades i tendres quan es travessen amb un ganivet. Serviu calent o a temperatura ambient.

Ceba amb vinagre balsàmic

Cipollé al Balsamico

Dona 6 porcions

El vinagre balsàmic complementa el gust dolç i el color de la ceba vermella. Van bé amb carn de porc rostida o costelles.

6 cebes vermelles mitjanes

6 cullerades d'oli d'oliva verge extra

3 cullerades de vinagre balsàmic

Sal i pebre negre recent mòlt

1. Col·loqueu una reixeta al centre del forn. Preescalfeu el forn a 375 ° F. Folreu una safata de forn amb paper d'alumini.

2. Renteu les cebes, però no les peleu. Poseu les cebes a la paella preparada. Coure les cebes durant 1 a 1 1/2 hores, fins que estiguin tendres quan es travessen amb un ganivet.

3. Talleu els extrems de les arrels de les cebes i traieu-ne la pell. Talleu les cebes a quarts i poseu-les en un bol. Afegiu-hi oli,

vinagre, sal i pebre al gust i remeneu per combinar. Serviu calent o a temperatura ambient.

Confit de ceba vermella

Confettura di Cipolle Rosse

Fa aproximadament 1 pinta

Tropea, a la costa de Calàbria, és coneguda per les seves cebes vermelles dolces. Tot i que la ceba vermella als EUA és més picant, encara podeu fer aquesta deliciosa melmelada que vam menjar a la Locanda di Alia de Castrovillari. La melmelada es va acompanyar de sardines daurades fregides, però també és bona amb pollastre a la planxa o costelles de porc. També m'agrada com a condiment amb un formatge picant, com el pecorino envellit.

Una variació de la melmelada inclou una mica de menta fresca picada. Assegureu-vos d'utilitzar una cassola de fons gruixut i mantenir el foc molt baix per evitar que les cebes s'enganxin. Afegiu-hi una mica d'aigua si s'assequen massa ràpidament.

1/4 lliures de ceba vermella, ben picada

1 tassa de vi negre sec

1 culleradeta de sal

2 cullerades de mantega sense sal

1 cullerada de vinagre balsàmic

1 o 2 cullerades de mel

Aproximadament 1 cullerada de sucre

1. En una cassola mitjana, combineu la ceba, el vi negre i la sal a foc mitjà. Porteu-ho a ebullició i baixeu el foc. Tapar i coure, remenant de tant en tant, durant 1 hora i 15 minuts, o fins que les cebes estiguin ben tendres. Les cebes es tornaran lleugerament transparents.

2. Afegiu mantega, vinagre balsàmic i 1 cullerada de mel i sucre cadascun. Cuini sense tapar, remenant de tant en tant, fins que s'hagi evaporat tot el líquid i la mescla quedi ben espessa.

3. Deixeu refredar una mica. Servir a temperatura ambient o lleugerament calent. Això es mantindrà a la nevera fins a un mes. Per tornar a escalfar, poseu el confit en un bol petit sobre una cassola amb aigua bullint o escalfeu-lo al microones.

Amanida de ceba i remolatxa rostida

Amanida de Cipolla i Barbabietola

Dona 6 porcions

Si mai heu tingut remolatxa fresca de temporada, hauríeu de provar-les. Quan són joves i tendres, són notablement dolços i saborosos. Compra'ls a l'estiu i a la tardor quan estiguin en el seu millor moment. A mesura que envelleixen, es tornen llenyosos i sense sabor.

6 remolatxes, retallades i fregades

2 cebes grans, pelades

6 cullerades d'oli d'oliva

2 cullerades de vinagre de vi negre

Sal i pebre negre recent mòlt

6 fulles d'alfàbrega fresca

1. Col·loqueu una reixeta al centre del forn. Preescalfeu el forn a 400 ° F. Fregueu les remolatxes i emboliqueu-les en un full gran de paper d'alumini, tancant-les hermèticament. Col·loqueu el paquet en una safata de forn.

2. Talleu les cebes a trossos petits. Poseu-los en una safata de forn i barregeu-los amb 2 cullerades d'oli d'oliva.

3. Col·loqueu el farcell de remolatxa i la paella amb les cebes una al costat de l'altra al forn. Coure al forn durant 1 hora o fins que la remolatxa estigui tendre quan es travessa amb un ganivet i les cebes estiguin daurades.

4. Deixeu refredar les remolatxes. Peleu la pell i talleu la remolatxa a rodanxes.

5. En un bol gran, tireu la remolatxa i la ceba amb 1/4 tassa d'oli d'oliva, vinagre, sal i pebre al gust. Espolvorear amb alfàbrega i servir immediatament.

Ceba perlada amb mel i taronja

Cipolline perfum all'Arancia

Dona 8 porcions

Les cebes perles agredolces aromatitzades amb mel, taronja i vinagre són bones per a un gall dindi o capó festiu, porc rostit o com a entrant amb salumi a rodanxes. Podeu fer-los amb antelació, però s'han d'escalfar amb cura abans de servir-los.

2 lliures de ceba perlada

1 taronja melic

2 cullerades de mantega sense sal

1/4 tassa de mel

1/4 tassa de vinagre de vi blanc

Sal i pebre negre recent mòlt

1. Porteu una olla gran d'aigua a ebullició. Afegir les cebes i sofregir durant 3 minuts. Escórrer i refredar sota aigua corrent. Utilitzeu un ganivet afilat per afaitar la punta dels extrems de l'arrel. No talleu els extrems massa profundament o les cebes es desfan durant la cocció. Traieu la pell.

2. Utilitzeu un pelador de verdures rotatiu per treure la pell de taronja. Apilar les tires de pela i tallar-les en bastonets prims. Premeu el suc de la taronja. Deixar de banda.

3. En una paella gran, fonem la mantega a foc mitjà. Afegiu les cebes i deixeu-ho coure durant 30 minuts o fins que estiguin lleugerament daurades, sacsejant la paella de tant en tant perquè no s'enganxin.

4. Afegiu suc de taronja, ratlladura, mel, vinagre i sal i pebre al gust. Reduïu el foc a baix i deixeu-ho coure durant 10 minuts, girant les cebes sovint, fins que estiguin tendres quan es travessen amb un ganivet i s'esmalteixin amb salsa. Deixeu refredar una mica. Serviu calent.

Pèsols amb ceba

Piselli amb Cipolle

Dona 4 porcions

Una mica d'aigua afegida a l'olla ajuda a que la ceba s'estovi i s'estovi sense que es dauri. La dolçor de la ceba millora el sabor dels pèsols.

2 cullerades d'oli d'oliva

1 ceba mitjana, picada finament

4 cullerades d'aigua

2 tasses de pèsols frescos amb closca o 1 paquet (10 unces) de pèsols congelats

una mica d'orenga seca

Sal

1. Aboqueu l'oli en una cassola mitjana. Afegiu la ceba i 2 cullerades d'aigua. Cuini, remenant sovint, fins que la ceba estigui ben tendra, uns 15 minuts.

2. Afegiu els pèsols, les 2 cullerades d'aigua restants, l'orenga i la sal. Tapa i cuini fins que els pèsols estiguin tendres, de 5 a 10 minuts.

Pèsols amb prosciutto i ceba verda

Piselli al Prosciutto

Dona 4 porcions

Aquests pèsols són ideals per a costelles de xai o xai rostit.

3 cullerades de mantega sense sal

4 cebes verdes, tallades i tallades a rodanxes fines

2 tasses de pèsols frescos amb closca o 1 paquet (10 unces) de pèsols congelats

1 culleradeta de sucre

Sal

4 llesques fines de prosciutto italià importat, tallades transversalment en tires fines

1. Fondre 2 cullerades de mantega en una paella mitjana. Afegiu les cebes verdes i deixeu-ho coure durant 1 minut.

2. Afegiu els pèsols, el sucre i la sal al gust. Afegiu 2 cullerades d'aigua i tapeu la paella. Cuini fins que els pèsols estiguin tendres, de 5 a 10 minuts.

3. Afegiu el prosciutto i la cullerada de mantega restant. Coure 1 minut més i serviu calent.

Pèsols dolços amb amanida i menta

Piselli alla minte

Dona 4 porcions

Fins i tot els pèsols congelats tenen un gust acabat de collir quan es cuinen d'aquesta manera. L'enciam afegeix un lleuger cruixent i la menta un gust fresc i brillant.

2 cullerades de mantega sense sal

¼ tassa de ceba, picada molt fina

2 tasses de pèsols frescos amb closca o 1 paquet (10 unces) de pèsols congelats

1 tassa d'enciam triturat

12 fulles de menta, tallades a trossos

Sal i pebre negre recent mòlt

1. En una cassola de mida mitjana, foneu la mantega a foc mitjà. Afegiu les cebes i cuini fins que estiguin tendres i daurades, uns 10 minuts.

2. Afegiu-hi pèsols, enciam, fulles de menta i sal i pebre al gust. Afegiu 2 cullerades d'aigua i tapeu la paella. Cuini de 5 a 10 minuts o fins que els pèsols estiguin tendres. Serviu calent.

Amanida de pèsols de Pasqua

Amanida de Pasqua

Dona 4 porcions

A la dècada de 1950, Romeo Salta era considerat un dels millors restaurants italians de la ciutat de Nova York. Va destacar perquè era molt elegant i servia menjar del nord d'Itàlia en un moment en què la majoria de la gent només coneixia els restaurants familiars que servien els plats vermells del sud. El propietari, Romeo Salta, havia après el negoci de la restauració treballant en vaixells de creuers de luxe, en aquell moment, el millor camp de formació per al personal de la restauració. Aquesta amanida apareixeria al menú al voltant de Pasqua quan els pèsols frescos es fessin abundants. La recepta original també incloïa anxoves, encara que prefereixo l'amanida sense elles. De vegades afegeixo formatge suís picat o similar juntament amb el prosciutto.

2 1/2 tasses de pèsols frescos amb closca o 1 paquet (10 unces) de pèsols congelats

Sal

1 rovell d'ou cuit

¹1/4 tassa d'oli d'oliva

¹1/4 tassa de suc de llimona

pebre negre recent mòlt

2 unces de prosciutto italià importat a rodanxes, tallat transversalment a tires fines

1. Per als pèsols frescos o congelats, porteu una olla mitjana d'aigua a ebullició. Afegiu-hi pèsols i sal al gust. Cuini fins que els pèsols estiguin tendres, uns 3 minuts. Escorreu els pèsols. Deixeu-los refredar sota aigua freda corrent. Assecar els pèsols.

2. Tritureu el rovell d'ou en un bol amb una forquilla. Batre l'oli, el suc de llimona i la sal i el pebre al gust. Afegiu els pèsols i remeneu suaument. Afegiu-hi les tires de prosciutto i serviu immediatament.

pebrots rostits

Pepperoni Arrostiti

Dona 8 porcions

Els pebrots rostits són excel·lents en amanides, truites i entrepans. També es congelen bé, de manera que podeu fer un lot a l'estiu quan els pebrots són abundants i guardar-los per als àpats d'hivern.

8 pebrots grans vermells, grocs o verds

1. Cobriu la safata amb paper d'alumini. Col·loqueu la paella a uns 3 polzades de distància de la font de calor. Poseu els pebrots sencers a la paella. Enceneu la graella a foc fort. Grill els pebrots, girant-los sovint amb una pinça, aprox. 15 minuts o fins que la pell estigui ampolla i carbonitzada per tot arreu. Poseu els pebrots en un bol. Cobrir amb paper d'alumini i deixar refredar.

2. Talleu els pebrots per la meitat i aboqueu el suc en un bol. Peleu la pell i descarteu les llavors i les tiges.

3. Talleu els pebrots longitudinalment a tires d'1 polzada i poseu-los en un bol per servir. Colar el suc sobre els pebrots.

4. Servir a temperatura ambient o guardar a la nevera i servir fred. Els pebrots es conserven 3 dies a la nevera o 3 mesos al congelador.

Amanida de pebrot rostit

Insalata di Pepperoni Arrostiti

Dona 8 porcions

Serviu aquests pebrots com a part d'un assortiment d'antipastos, com a acompanyament de tonyina o carn de porc a la brasa, o com a antipasto amb mozzarella fresca a rodanxes.

1 recepta (8 pebrots)pebrots rostits

⅓ tassa d'oli d'oliva verge extra

4 fulles d'alfàbrega, tallades a trossos

2 grans d'all, tallats a rodanxes fines

Sal i pebre negre recent mòlt

Prepareu els pebrots si cal. Remeneu els pebrots amb oli, alfàbrega, all i sal i pebre al gust. Deixeu reposar 1 hora abans de servir.

Pebrots rostits amb ceba i herbes

Pepperoni Arrostiti amb Cipolle

Dona 4 porcions

Serviu aquests pebrots calents o a temperatura ambient. També són una bona cobertura per a crostini.

½ receptapebrots rostits; utilitzar pebrots vermells o grocs

1 ceba mitjana, tallada a la meitat i a rodanxes fines

Pessic de pebrot vermell picat

2 cullerades d'oli d'oliva

Sal

1/2 culleradeta d'orenga seca, esmicolada

2 cullerades de julivert fresc picat

1. Prepareu els pebrots al pas 3 si cal. A continuació, escorreu els pebrots i talleu-los longitudinalment a tires d'1/2 polzada.

2. En una paella de mida mitjana, coure la ceba amb el pebrot vermell triturat a l'oli a foc mitjà fins que la ceba estigui tendra i

daurada, uns 10 minuts. Afegiu-hi pebre vermell, orenga i sal al gust. Cuini, remenant de tant en tant, fins que s'escalfi, uns 5 minuts. Afegiu-hi el julivert i deixeu-ho coure 1 minut més. Serviu calent o a temperatura ambient.

Pebrot al forn amb tomàquet

Pepperoni al forn

Dona 4 porcions

En aquesta recepta dels Abruços, un bitxo fresc i no massa picant dóna sabor als pebrots. Es pot substituir el pebrot vermell triturat o un petit xile sec. Aquests pebrots són fantàstics en un sandvitx.

2 pebrots vermells grans

2 pebrots grocs grans

1 xile, com un jalapeño, sense llavors i picat

3 cullerades d'oli d'oliva

Sal

2 grans d'all picats

2 tomàquets mitjans, pelats, sense llavors i picats

1. Col·loqueu una reixeta al centre del forn. Preescalfeu el forn a 400 ° F. Unteu una safata de forn gran. Col·loqueu els pebrots sobre una taula de tallar. Sostenint la tija amb una mà, col·loqueu la vora d'un ganivet de xef gran i pesat just més enllà

de la vora de la tapa. Reduir. Gireu el pebrot 90° i torneu-lo a tallar. Repetiu, girant i tallant els dos costats restants. Descarta el cor, les llavors i la tija, que quedaran d'una sola peça. Talleu les membranes i rasqueu les llavors.

2.Talleu els pebrots longitudinalment en tires d'1 polzada. Poseu el xile a la paella. Afegiu oli i sal al gust i barregeu-ho bé. Distribuïu els pebrots a la paella.

3.Coure els pebrots durant 25 minuts. Afegiu-hi els alls i els tomàquets i remeneu-ho bé. Coure al forn 20 minuts més o fins que els pebrots estiguin tendres quan es travessen amb un ganivet. Serviu calent.

Pebrots amb vinagre balsàmic

Pepperoni balsàmic

Dona 6 porcions

La dolçor del vinagre balsàmic complementa la dolçor dels pebrots. Serviu calent amb costelles de porc o xai o a temperatura ambient amb pollastre fred o porc rostit.

6 pebrots vermells grans

1/4 tassa d'oli d'oliva

Sal i pebre negre recent mòlt

2 cullerades de vinagre balsàmic

1. Col·loqueu una reixeta al centre del forn. Preescalfeu el forn a 400 ° F. Col·loqueu els pebrots sobre una taula de tallar. Sostenint la tija amb una mà, col·loqueu la vora d'un ganivet de xef gran i pesat just més enllà de la vora de la tapa. Reduir. Gireu el pebrot 90° i torneu-lo a tallar. Repetiu, girant i tallant els dos costats restants. Descarta el cor, les llavors i la tija, que quedaran d'una sola peça. Talleu les membranes i rasqueu les llavors.

2. Talleu els pebrots a tires d'1 polzada. Poseu-los en una paella gran i poc profunda amb oli, sal i pebre. Barrejar bé. Coure els pebrots durant 30 minuts.

3. Afegiu vinagre. Coure els pebrots durant 20 minuts més o fins que estiguin tendres. Serviu calent o a temperatura ambient.

pebrots en escabetx

Pepperoni Sott'Aceto

Fa 2 pintes

Els pebrots adobats de colors són deliciosos als entrepans o als embotits. Aquests es poden utilitzar per fer Salsa de pebre estil Molise.

2 pebrots vermells grans

2 pebrots grocs grans

Sal

2 tasses de vinagre de vi blanc

2 tasses d'aigua

Pessic de pebrot vermell picat

1. Col·loqueu els pebrots sobre una taula de tallar. Sostenint la tija amb una mà, col·loqueu la vora d'un ganivet de xef gran i pesat just més enllà de la vora de la tapa. Reduir. Gireu el pebrot 90° i torneu-lo a tallar. Repetiu, girant i tallant els dos costats restants. Descarta el cor, les llavors i la tija, que quedaran d'una sola peça. Talleu les membranes i rasqueu les llavors. Talleu els

pebrots longitudinalment en tires d'1 polzada. Poseu els pebrots en un colador en un plat i salpebreu-los. Deixar 1 hora per escórrer.

2. Combina el vinagre, l'aigua i el pebrot vermell triturat en una cassola no reactiva. Porteu-ho a ebullició. Retirar del foc i deixar refredar una mica.

3. Esbandiu els pebrots sota aigua freda i assequeu-los. Envaseu els pebrots en 2 pots de pinta esterilitzats. Aboqueu-hi la barreja de vinagre refredat i tanqueu-la. Deixar en un lloc fresc i fosc durant 1 setmana abans d'utilitzar.

Pebrots amb ametlles

Pepperoni tot Mandorle

Dona 4 porcions

Una vella amiga de la meva mare, la família de la qual venia d'Ischia, una petita illa del golf de Nàpols, li va donar aquesta recepta. Li agradava servir-lo per dinar sobre unes llesques de pa italià fregits en oli d'oliva fins que estiguin daurades.

2 pebrots vermells i 2 grocs

1 gra d'all, lleugerament aixafat

3 cullerades d'oli d'oliva

2 tomàquets mitjans, pelats, sense llavors i picats

1/4 tassa d'aigua

2 cullerades de tàperes

4 filets d'anxova picats

4 unces d'ametlles torrades, picades gruixudes

1. Col·loqueu els pebrots sobre una taula de tallar. Sostenint la tija amb una mà, col·loqueu la vora d'un ganivet de xef gran i pesat just més enllà de la vora de la tapa. Reduir. Gireu el pebrot 90° i torneu-lo a tallar. Repetiu, girant i tallant els dos costats restants. Descarta el cor, les llavors i la tija, que quedaran d'una sola peça. Talleu les membranes i rasqueu les llavors.

2. En una paella gran, poseu a coure els alls amb l'oli a foc mitjà, pressionant els alls una o dues vegades amb el dors d'una cullera. Tan bon punt estigui lleugerament daurat, aprox. 4 minuts, descartar els alls.

3. Afegiu els pebrots a la paella. Cuini, remenant de tant en tant, fins que estigui tendre, uns 15 minuts.

4. Afegiu els tomàquets i l'aigua. Cuini fins que la salsa espesseixi, uns 15 minuts més.

5. Afegiu-hi les tàperes, les anxoves i les ametlles. Prova la sal. Coure 2 minuts més. Deixeu-ho refredar una mica abans de servir.

Pebrots amb tomàquet i ceba

Peperonata

Dona 4 porcions

Cada regió sembla tenir la seva versió de peperonata. Alguns afegeixen tàperes, olives, herbes aromàtiques o anxoves. Serviu-ho com a guarnició o com a salsa per al porc rostit o peix a la brasa.

4 pebrots vermells o grocs (o una barreja)

2 cebes mitjanes, tallades a rodanxes fines

3 cullerades d'oli d'oliva

3 tomàquets grans, pelats, sense llavors i tallats a trossos

1 gra d'all, ben picat

Sal

1. Col·loqueu els pebrots sobre una taula de tallar. Sostenint la tija amb una mà, col·loqueu la vora d'un ganivet de xef gran i pesat just més enllà de la vora de la tapa. Reduir. Gireu el pebrot 90° i torneu-lo a tallar. Repetiu, girant i tallant els dos costats restants. Descarta el cor, les llavors i la tija, que quedaran d'una

sola peça. Talleu les membranes i rasqueu les llavors. Talleu el pebrot a tires d'1/4 polzades.

2. En una paella gran a foc mitjà, sofregiu les cebes amb oli d'oliva fins que estiguin tendres i daurades, uns 10 minuts. Afegiu-hi les tires de pebrot i deixeu-ho coure durant 10 minuts més.

3. Afegiu tomàquets, all i sal al gust. Tapeu i deixeu coure durant 20 minuts o fins que els pebrots estiguin tendres quan es travessen amb un ganivet. Si queda molt líquid, destapa i coem fins que la salsa espesseixi i redueixi. Serviu calent o a temperatura ambient.

Pebrots farcits

Pepperoni Ripieni

Dona de 4 a 8 porcions

La meva àvia sempre feia aquests pebrots a l'estiu. Els vaig cuinar al matí en una paella negra gran i a l'hora de dinar estaven a la temperatura adequada per servir-los amb rodanxes de pa.

1/4 tasses de pa ratllat natural i sec fet amb pa italià o francès

1/3 tassa de Pecorino Romano o Parmigiano-Reggiano acabat de ratllar

1/4 tassa de julivert fresc picat

1 gra d'all, ben picat

Sal i pebre negre recent mòlt

Aproximadament 1/2 tassa d'oli d'oliva

8 pebrots italians de color verd clar llargs per rostir

3 tasses de tomàquets frescos pelats, sense llavors i tallats a daus o 1 llauna de tomàquet triturat (28 unces)

6 fulles d'alfàbrega fresques, tallades a trossos

1. Barregeu el pa ratllat, el formatge, el julivert, l'all i la sal i el pebre en un bol. Afegiu 3 cullerades d'oli, o prou per humitejar les molles de manera uniforme.

2. Talleu la part superior del pebrot i traieu-ne les llavors. Aboqueu la barreja de pa ratllat sobre els pebrots, deixant aproximadament 1 polzada d'espai per sobre. No ompliu excessivament els pebrots o el farciment es vessarà durant la cocció.

3. En una paella gran, escalfeu 1/4 tassa d'oli a foc mitjà fins que un tros de pebrot bulli a la paella. Afegiu amb cura els pebrots amb pinces. Cuini, girant de tant en tant amb unes pinces, fins que estiguin daurades per tots els costats, uns 20 minuts.

4. Afegiu tomàquets, alfàbrega i sal i pebre al gust al voltant dels pebrots. Porteu-ho a ebullició. Tapeu i cuini, donant la volta als pebrots una o dues vegades, fins que estiguin ben tendres, uns 15 minuts. Si la salsa està massa seca, afegiu-hi una mica d'aigua. Destapar i coure fins que la salsa estigui espessa, aprox. 5 minuts més. Serviu calent o a temperatura ambient.

Pebrots farcits a la napolitana

Pepperoni a la Nonna

Dona 6 porcions

Si els sicilians tenen infinitat de maneres de preparar les albergínies, els napolitans tenen la mateixa creativitat amb els pebrots. Aquesta és una altra recepta típica napolitana que feia la meva àvia.

2 albergínies mitjanes (aproximadament 1 lliura cadascuna)

6 pebrots vermells, grocs o verds grans, tallats a tires d'1/2 polzada

½ tassa més 3 cullerades d'oli d'oliva

3 tomàquets mitjans, pelats, sense llavors i picats

¾ tassa d'olives negres curades amb oli sense pinyol, sense pinyol, com la Gaeta

6 filets d'anxova, ben picats

3 cullerades de tàperes, esbandides i escorregudes

1 gra d'all gran, pelat i picat finament

3 cullerades de julivert fresc picat

pebre negre recent mòlt

½ tassa més 1 cullerada de pa ratllat

1. Talleu les albergínies i talleu-les a daus de 3/4 de polzada. Col·loqueu les peces en un colador i espolseu cada capa amb sal. Col·loqueu el colador en un plat i deixeu-lo escórrer durant 1 hora. Esbandiu l'albergínia i assequeu-la amb paper absorbent.

2. En una paella gran, escalfeu 1/2 tassa d'oli a foc mitjà. Afegiu l'albergínia i cuini, remenant de tant en tant, fins que estiguin tendres, uns 10 minuts.

3. Afegiu tomàquets, olives, anxoves, tàperes, all, julivert i pebre al gust. Porteu-ho a ebullició, després deixeu-ho coure durant 5 minuts més. Afegiu-hi 1/2 tassa de pa ratllat i retireu-lo del foc.

4. Col·loqueu una reixeta al centre del forn. Preescalfeu el forn a 450 ° F. Unteu una safata de forn prou gran com per mantenir els pebrots en posició vertical.

5. Talleu les tiges del pebrot i traieu-ne les llavors i la pell blanca. Farcim els pebrots amb la barreja d'albergínia. Poseu els pebrots a la paella preparada. Espolvorear amb la resta d'1 cullerada de pa ratllat i raig amb les 3 cullerades d'oli restants.

6. Aboqui 1 tassa d'aigua al voltant dels pebrots. Coure al forn durant 1 hora i 15 minuts, o fins que els pebrots estiguin ben tendres i lleugerament daurats. Serviu calent o a temperatura ambient.

Pebrots farcits, estil Ada Boni

Pepperoni Ripieni alla Ada Boni

Dona de 4 a 8 porcions

Ada Boni va ser una famosa escriptora italiana i autora de diversos llibres de cuina. La seva cuina regional italiana és un clàssic i un dels primers llibres sobre el tema que es tradueixen a l'anglès. Aquesta recepta està adaptada del capítol de Sicília.

4 pebrots vermells o grocs mitjans

1 tassa de pa ratllat torrat

4 cullerades de panses

1 1/2 tassa d'olives negres sense pinyol, sense pinyol i suaus

6 filets d'anxova picats

2 cullerades d'alfàbrega fresca picada

2 cullerades de tàperes, esbandides, escorregudes i picades

1/4 tassa més 2 cullerades d'oli d'oliva

    1 tassaSalsa de tomàquet sicilià

1. Col·loqueu una reixeta al centre del forn. Preescalfeu el forn a 375 ° F. Unteu una safata de 13 × 9 × 2 polzades.

2. Amb un ganivet de xef gran i pesat, talleu els pebrots per la meitat longitudinalment. Talleu les tiges, les llavors i les membranes blanques.

3. Combina el pa ratllat, les panses, les olives, les anxoves, l'alfàbrega, les tàperes i 1/4 tassa d'oli en un bol gran. Tasteu i ajusteu el condiment. (La sal és probablement innecessària.)

4. Aboqueu la barreja a les meitats del pebrot. Cobrir amb la salsa. Coure al forn 50 minuts o fins que els pebrots estiguin ben tendres quan es travessen amb un ganivet. Serviu calent o a temperatura ambient.

Pebrots fregits

Pepperoni Fritti

Dona de 6 a 8 porcions

Cruixents i dolços, són difícils de resistir. Serviu-los amb una truita o amb qualsevol carn cuita.

4 pebrots vermells o grocs grans

1/2 tassa de farina per a tot ús

Sal

1. Col·loqueu els pebrots sobre una taula de tallar. Sostenint la tija amb una mà, col·loqueu la vora d'un ganivet de xef gran i pesat just més enllà de la vora de la tapa. Reduir. Gireu el pebrot 90° i torneu-lo a tallar. Repetiu, girant i tallant els dos costats restants. Descarta el cor, les llavors i la tija, que quedaran d'una sola peça. Talleu les membranes i rasqueu les llavors. Talleu el pebrot a tires d'1/4 polzades.

2. Escalfeu unes 2 polzades d'oli en una paella profunda fins que la temperatura arribi a 375 °F en un termòmetre per fregir.

3. Folreu una safata amb paper de cuina. Poseu la farina en un bol poc profund. Enrotlleu les tires de pebrot per la farina, agiteu-ne l'excés.

4. Afegiu les tires de pebrot a l'oli calent una mica a la vegada. Fregiu fins que estigui daurat i tendre, uns 4 minuts. Escórrer sobre paper de cuina. Fregiu la resta per lots, de la mateixa manera. Espolvorear amb sal i servir immediatament.

Pebrots saltejats amb carbassó i menta

Pepperoni i Carbassó a la Padella

Dona 6 porcions

Com més temps s'asseu, millor té el gust, així que feu-lo d'hora al dia per servir per a un àpat posterior.

1 pebrot vermell

1 pebrot groc

2 cullerades d'oli d'oliva

4 carbassons petits, tallats a rodanxes d'1/4 polzada

Sal

2 cullerades de vinagre de vi blanc

2 grans d'all, molt ben picats

2 cullerades de menta fresca picada

1/2 culleradeta d'orenga seca

Pessic de pebrot vermell picat

1. Col·loqueu els pebrots sobre una taula de tallar. Sostenint la tija amb una mà, col·loqueu la vora d'un ganivet de xef gran i pesat just més enllà de la vora de la tapa. Reduir. Gireu el pebrot 90° i torneu-lo a tallar. Repetiu, girant i tallant els dos costats restants. Descarta el cor, les llavors i la tija, que quedaran d'una sola peça. Talleu les membranes i rasqueu les llavors. Talleu els pebrots a tires d'1 polzada.

2. En una paella gran, escalfeu l'oli a foc mitjà. Afegiu-hi el pebrot i deixeu-ho coure, remenant, durant 10 minuts.

3. Afegiu-hi el carbassó i la sal al gust. Cuini, remenant de tant en tant, fins que el carbassó estigui tendre, uns 15 minuts.

4. Mentre es couen les verdures, barregeu el vinagre, l'all, les herbes, el pebre vermell i la sal en un bol mitjà.

5. Afegiu-hi els pebrots i el carbassó. Deixar fins que les verdures estiguin a temperatura ambient. Tasteu i ajusteu el condiment.

Terrina de pebrot rostit i albergínia

Format de Pepperoni i Albergínia

Dona de 8 a 12 porcions

Aquesta és una terrina inusual i bonica de pebrots en capes, albergínies i aromàtics. El suc de pebre es gelifica lleugerament després de refredar-se i manté la terrina unida. Serviu-lo com a entrant o com a guarnició de carn a la brasa.

4 granspebrot vermell, rostit i pelat

2 albergínies grans (uns 1 1/2 lliures cadascuna)

Sal

Oli d'oliva

1 1/2 tassa de fulles d'alfàbrega fresca picades

4 grans d'all grans, pelats, sense llavors i tallats finament

1 1/4 tassa de vinagre de vi negre

pebre negre recent mòlt

1. Prepareu els pebrots si cal. Talleu les albergínies i talleu-les longitudinalment a rodanxes d'1/4 polzades de gruix. Col·loqueu les rodanxes en un colador i espolseu cada capa amb sal. Deixar almenys 30 minuts.

2. Preescalfeu el forn a 450 ° F. Pinteu dos motlles grans de gelatina amb oli.

3. Esbandiu les rodanxes d'albergínia amb aigua freda i assequeu-les amb paper de cuina. Disposar l'albergínia als motlles en una sola capa. Raspallar amb oli. Enforna l'albergínia uns 10 minuts, fins que quedi lleugerament daurada per sobre. Gireu les peces amb unes pinces i coure durant 10 minuts més o fins que estiguin tendres i lleugerament daurades.

4. Escorreu els pebrots i talleu-los a tires d'1 polzada.

5. Folreu un motlle de 8 × 4 × 3 polzades amb embolcall de plàstic. Col·loqueu una capa de rodanxes d'albergínia al fons de la paella, superposant-les lleugerament. Poseu els pebrots escalivats sobre l'albergínia. Espolseu una mica d'alfàbrega, all, vinagre, oli i sal i pebre al gust. Continueu fent capes, prement cada capa fermament fins que s'utilitzin tots els ingredients. Cobrir amb paper de plàstic i pesar el contingut amb un altre motlle ple de llaunes pesades. Refrigerar almenys 24 hores o fins a 3 dies.

6. Per servir, destapa la terrina i gira-la en un plat. Traieu amb cura l'embolcall de plàstic. Talleu la terrina a rodanxes gruixudes. Servir fred o a temperatura ambient.

patates agredoles

Patata a Agrodolce

Dona de 6 a 8 porcions

Es tracta d'una amanida de patates a l'estil sicilià per servir a temperatura ambient amb costelles a la planxa, pollastre o embotit.

2 lliures de patates per a tot ús, com Yukon Gold

1 ceba

2 cullerades d'oli d'oliva

1 tassa d'olives negres toves, com la Gaeta

2 cullerades de tàperes

Sal i pebre negre recent mòlt

2 cullerades de vinagre de vi blanc

2 cullerades de sucre

1. Fregueu les patates amb un raspall sota aigua freda. Peleu-los si voleu. Talleu les patates per la meitat o per quarts si són grans.

En una paella gran, fregiu les cebes en oli fins que estiguin tendres i daurades, uns 10 minuts.

2.Afegiu patates, olives, tàperes i sal i pebre al gust. Afegiu 1 tassa d'aigua i deixeu-ho bullir. Coure 15 minuts.

3.En un bol petit, barregeu el vinagre i el sucre i afegiu-ho a la paella. Continueu cuinant fins que les patates estiguin tendres, uns 5 minuts. Retirar del foc i deixar refredar completament. Servir a temperatura ambient.

Patates amb vinagre balsàmic

Patates al balsàmic

Dona 6 porcions

La ceba vermella i el vinagre balsàmic donen sabor a aquestes patates. També són bons a temperatura ambient.

2 lliures de patates per a tot ús, com Yukon Gold

2 cullerades d'oli d'oliva

1 ceba vermella gran, picada

2 cullerades d'aigua

Sal i pebre negre recent mòlt

2 cullerades de vinagre balsàmic

1. Fregueu les patates amb un raspall sota aigua freda. Peleu-los si voleu. Talleu les patates per la meitat o per quarts si són grans.

2. Escalfeu l'oli en una cassola mitjana a foc mitjà. Afegiu patates, ceba, aigua i sal i pebre al gust. Tapeu la paella i reduïu el foc a baix. Coure durant 20 minuts o fins que les patates estiguin tendres.

3. Destapeu la cassola i afegiu-hi el vinagre. Cuini fins que la major part del líquid s'hagi evaporat, uns 5 minuts. Serviu calent o a temperatura ambient.

Broqueta de tonyina amb taronja

Spiedini di Tonno

Dona 4 porcions

Cada primavera, els pescadors sicilians es reuneixen per a la mattanza, la matança de la tonyina. Aquesta marató de pesca ritual inclou diverses barques petites plenes d'homes que pastoreen tonyina en migració en una sèrie de xarxes cada cop més petites fins que són atrapades. Els enormes peixos són matats i portats a bord dels vaixells. El procés és ardu, i mentre els homes treballen, canten cançons especials que els historiadors es remunten a l'edat mitjana o fins i tot anteriors. Tot i que aquesta pràctica s'està extingint, encara hi ha alguns llocs al llarg de la costa nord i oest on té lloc la mattanza.

Els sicilians tenen infinitat de maneres de preparar la tonyina. Amb ell, l'aroma de taronja i herbes a la planxa va precedir el gust temptador dels trossos ferms de peix.

1 1/2 lliures de tonyina fresca, peix espasa o filets de salmó (aproximadament 1 polzada de gruix)

1 taronja melic, tallada en 16 trossos

1 ceba vermella petita, tallada en 16 trossos

2 cullerades d'oli d'oliva

2 cullerades de suc de llimona fresc

1 cullerada de romaní fresc picat

Sal i pebre negre recent mòlt

De 6 a 8 fulles de llorer

1. Talleu la tonyina a trossos d'1 1/2 polzada. En un bol gran, tireu els trossos de tonyina, taronja i ceba vermella amb oli d'oliva, suc de llimona, romaní i sal i pebre al gust.

2. Col·loqueu la graella o la graella a unes 5 polzades de la font de calor. Preescalfeu la graella o la graella.

3. Enfileu la tonyina, els trossos de taronja, la ceba i les fulles de llorer alternativament en 8 broquetes.

4. Grill o coure fins que la tonyina estigui daurada, uns 3 o 4 minuts. Gireu les broquetes i deixeu-ho coure fins que estiguin daurades per fora però encara rosades pel mig, aprox. 2 minuts més o fins que estigui cuit al gust. Serviu calent.

Tonyina i pebrot a la planxa, estil Molise

Tonno i Pepperoni

Dona 4 porcions

Els pebrots i els pebrots són un dels trets distintius de la cuina a l'estil molise. Aquest plat el vaig fer primer amb sgombri, que és semblant al verat, però sovint el faig amb filets de tonyina o peix espasa.

4 pebrots vermells o grocs

4 filets de tonyina (d'uns 3/4 polzades de gruix cadascun)

2 cullerades d'oli d'oliva

Sal i pebre negre recent mòlt

1 cullerada de suc de llimona fresc

2 cullerades de julivert fresc picat

1 petit jalapeño o un altre xile fresc, pebrot vermell picat finament o triturat al gust

1 gra d'all, ben picat

1. Col·loqueu la graella o el grill a unes 5 polzades de la font de calor. Prepareu un foc mitjà a la graella o preescalfeu el grill.

2. Grill o rostir els pebrots, girant-los sovint, fins que la pell quedi ampolla i lleugerament carbonitzada, uns 15 minuts. Poseu els pebrots en un bol i cobriu-los amb paper d'alumini o paper film.

3. Pinteu els filets de tonyina amb oli i sal i pebre al gust. A la brasa o a la brasa el peix fins que estigui daurat per un costat, uns 2 minuts. Gireu el peix amb unes pinces i fregiu fins que estigui daurat per l'altre costat però encara rosat al mig, aprox. 2 minuts més o fins que estigui al gust. Comproveu la cocció fent un petit tall a la part més gruixuda del peix.

4. Neteja, pela i pela el pebrot. Talleu els pebrots a tires d'1/2 polzada i poseu-los en un bol. Amaniu amb 2 cullerades d'oli, suc de llimona, julivert, bitxo, all i sal al gust. Barrejar suaument.

5. Talleu el peix a rodanxes d'1/2 polzada. Col·loqueu les rodanxes lleugerament superposades en un plat de servir. Aboqueu els pebrots per sobre. Serviu calent.

Tonyina a la planxa amb llimona i orenga

Tonno alla Griglia

Dona 4 porcions

La primera vegada que vaig visitar Sicília, l'any 1970, no hi havia molts restaurants; els que existien semblaven servir el mateix menú. Vaig menjar bistecs de tonyina o peix espasa preparats d'aquesta manera per pràcticament tots els dinars i sopars. Afortunadament, sempre estava ben preparat. Els sicilians tallen els seus filets de peix només 1/2 polzada de gruix, però jo els prefereixo d'1 polzada de gruix perquè no es couin massa fàcilment. La tonyina és millor humida i tendra quan es cuina fins que el centre sigui vermell o rosat, mentre que el peix espasa ha de ser lleugerament rosat. Com que té cartílags que cal suavitzar, el tauró es pot cuinar una mica més.

4 filets de tonyina, peix espasa o tauró, d'aproximadament 1 polzada de gruix

Oli d'oliva

Sal i pebre negre recent mòlt

1 cullerada de suc de llimona acabat d'esprémer

- 1/2 culleradeta d'orenga seca

1. Col·loqueu una graella o graella a unes 5 polzades de la font de calor. Preescalfeu la graella o la graella.

2. Pinteu els filets abundantment amb oli i afegiu-hi sal i pebre al gust.

3. Grill el peix fins que estigui lleugerament daurat per un costat, de 2 a 3 minuts. Donar la volta al peix i cuinar fins que estigui lleugerament daurat però encara rosat per dins, aprox. 2 minuts més o fins que estigui al gust. Comproveu la cocció fent un petit tall a la part més gruixuda del peix.

4. En un bol petit, barregeu 3 cullerades d'oli d'oliva, suc de llimona, orenga i sal i pebre al gust. Aboqueu la barreja de suc de llimona sobre els filets de tonyina i serviu immediatament.

Filets de tonyina cruixents a la planxa

Tonno alla Griglia

Dona 4 porcions

El pa ratllat fa un bon recobriment cruixent d'aquests filets de peix.

4 filets de tonyina o peix espasa (1 polzada de gruix)

¾ tassa de molla de pa sec

1 cullerada de julivert fresc picat

1 cullerada de menta fresca picada o 1 culleradeta d'orenga seca

Sal i pebre negre recent mòlt

4 cullerades d'oli d'oliva

Rodalles de llimona

1. Preescalfeu la graella. Unteu la safata del forn. Barregeu el pa ratllat, el julivert, la menta i la sal i el pebre en un bol. Afegiu 3 cullerades d'oli o només el suficient per humitejar les molles.

2. Poseu els filets de peix a la paella. Repartiu la meitat de les molles sobre el peix, toqueu-les.

3. Grill els filets a uns 6 centímetres del foc durant 3 minuts o fins que les molles estiguin daurades. Gireu amb compte els filets amb una espàtula metàl·lica i empolvoreu-los amb la resta de molles. Grill de 2 a 3 minuts més o fins que encara estigui rosat al centre o fins que estigui al gust. Comproveu la cocció fent un petit tall a la part més gruixuda del peix.

4. Regar amb la cullerada d'oli restant. Serviu calent, amb rodanxes de llimona.

Tonyina a la planxa amb pesto de ruca

Tonno al Pesto

Dona 4 porcions

El gust picant de la rúcula i el brillant color verd maragda d'aquesta salsa són un complement perfecte per a la tonyina fresca o el peix espasa. Aquest plat també és bo a temperatura ambient fresca.

4 filets de tonyina, d'aproximadament 1 polzada de gruix

Oli d'oliva

Sal i pebre negre recent mòlt

pesto de ruca

1 ram de rúcula, rentada i sense tija (unes 2 tasses lleugerament empaquetades)

1/2 tassa d'alfàbrega fresca lleugerament empaquetada

2 grans d'all

1/2 tassa d'oli d'oliva

Sal i pebre negre recent mòlt

1. Frega el peix amb una mica d'oli i sal i pebre al gust. Tapa i refrigera fins que estigui llest per cuinar.

2. Per fer el pesto: combineu la rúcula, l'alfàbrega i l'all en un processador d'aliments i processeu-ho fins que estigui ben picat. Afegiu lentament l'oli i processeu fins que quedi homogeni. Afegiu sal i pebre al gust. Tapa i deixa reposar 1 hora a temperatura ambient.

3. En una paella gran antiadherent, escalfeu 1 cullerada d'oli a foc mitjà. Afegiu-hi les rodanxes de tonyina i deixeu-ho coure de 2 a 3 minuts per cada costat o fins que estigui daurat per fora però encara rosat al centre, o fins que estigui cuit al gust. Comproveu la cocció fent un petit tall a la part més gruixuda del peix.

4. Serviu la tonyina calenta o a temperatura ambient, coberta amb pesto de ruca.

Estofat de tonyina i mongetes Cannellini

Estufa Tonno

Dona 4 porcions

A l'hivern acostumo a cuinar més carn que marisc perquè la carn sembla més satisfactòria quan fa fred. L'excepció és aquest guisat fet amb mongetes i filets de tonyina frescos i carnosos. Té totes les qualitats per a subjectar les costelles i el gran sabor d'un guisat de mongetes, però sense carn, el que el fa perfecte per a les persones que prefereixen menjars sense carn.

2 cullerades d'oli d'oliva

1 1/2 lliures de tonyina fresca (1 polzada de gruix), tallada a trossos d'1 1/2 polzada

Sal i pebre negre recent mòlt al gust.

1 pebrot vermell o verd gran, tallat a trossos petits

1 tassa de tomàquets pelats en conserva, escorreguts i picats

1 gra d'all gran, picat finament

6 fulles d'alfàbrega fresques, tallades a trossos

1 llauna (16 unces) de mongetes cannellini, esbandides i escorregudes, o 2 tasses de mongetes seques cuites

1. Escalfeu l'oli en una cassola gran a foc mitjà. Assecar els trossos de tonyina amb paper de cuina. Quan l'oli estigui calent, afegim els trossos de tonyina sense omplir la paella. Cuini fins que els trossos estiguin lleugerament daurats per fora, uns 6 minuts. Transfereix la tonyina a un plat. Espolvorear amb sal i pebre.

2. Afegiu els pebrots a la cassola i deixeu-ho coure, remenant de tant en tant, fins que tot just comencin a daurar-se, uns 10 minuts. Afegiu-hi el tomàquet, l'all, l'alfàbrega, la sal i el pebre. Porteu-ho a ebullició. Afegiu les mongetes, tapeu i reduïu el foc a baix. Coure durant 10 minuts.

3. Afegiu la tonyina i deixeu-ho coure fins que la tonyina estigui lleugerament rosada al mig, aprox. 2 minuts més o fins que estigui al gust. Comproveu la cocció fent un petit tall a la part més gruixuda del peix. Serviu calent.

Peix espasa sicilià amb ceba

Fish Spada i Sfinciuni

Dona 4 porcions

Els xefs sicilians preparen una deliciosa pizza anomenada sfinciuni, paraula derivada de l'àrab que significa "lleuger" o "airejat". La pizza té una crosta espessa però lleugera i està coberta amb ceba, anxoves i salsa de tomàquet. Aquesta recepta tradicional de peix espasa es deriva d'aquesta pizza.

3 cullerades d'oli d'oliva

1 ceba mitjana, tallada a rodanxes fines

4 filets d'anxova picats

1 tassa de tomàquets pelats, sense llavors i tallats a daus frescos o en conserva, escorreguts i tallats a daus

Un polsim d'orenga seca, esmicolada

Sal i pebre negre recent mòlt al gust.

4 filets de peix espasa, d'uns 3/4 de polzada de gruix

2 cullerades de pa ratllat sec

1. Aboqueu 2 cullerades d'oli en una paella mitjana. Afegiu la ceba i cuini fins que estigui suau, uns 5 minuts. Afegiu-hi les anxoves i deixeu-ho coure 5 minuts més o fins que estigui ben tendre. Afegiu-hi els tomàquets, l'orenga, la sal i el pebre i deixeu-ho coure a foc lent durant 10 minuts.

2. Col·loqueu una reixeta al centre del forn. Preescalfeu el forn a 350 ° F. Unteu una safata de forn prou gran com per contenir el peix en una sola capa.

3. Assecar els filets de peix espasa. Col·loqueu-los a la paella preparada. Espolvorear amb sal i pebre. Aboqueu la salsa amb una cullera. Barregeu el pa ratllat amb la cullerada d'oli restant. Repartiu les molles per sobre de la salsa.

4. Coure al forn durant 10 minuts o fins que el peix estigui lleugerament rosat al mig. Comproveu la cocció fent un petit tall a la part més gruixuda del peix. Serviu calent.

Patates venecianes

Patata a la veneciana

Dona 4 porcions

Tot i que faig servir patates Yukon Gold per a la majoria dels àpats, hi ha moltes altres grans varietats disponibles, especialment als mercats de grangers, i afegeixen varietat als plats de patates. Les patates grogues finlandeses són bones per fregir i coure, i les vermelles russes són bones per a amanides. Encara que semblin estranys, les patates blaves també poden ser molt bones.

1 1/4 lliures de patates per a tot ús, com Yukon Gold

2 cullerades de mantega sense sal

1 cullerada d'oli d'oliva

1 ceba mitjana, picada

Sal i pebre negre recent mòlt

2 cullerades de julivert fresc picat

1. Fregueu les patates amb un raspall sota aigua freda. Peleu-los si voleu. Talleu les patates per la meitat o per quarts si són grans.

En una paella gran, fonem la mantega amb l'oli a foc mitjà. Afegiu la ceba i cuini fins que estigui suau, uns 5 minuts.

2.Afegiu-hi les patates i sal i pebre al gust. Tapeu la paella i deixeu-ho coure, remenant de tant en tant, durant uns 20 minuts o fins que les patates estiguin tendres.

3.Afegir el julivert i remenar bé. Serviu calent.

Patates "saltejades".

puntada de salt

Dona 4 porcions

Quan demaneu patates fregides a un restaurant italià, això és el que obteniu. Les patates es tornen una mica cruixents per fora i suaus i cremoses per dins. S'anomenen patates "saltades" perquè sovint s'han de remenar o tirar a la paella.

1 1/4 lliures de patates per a tot ús, com Yukon Gold

1/4 tassa d'oli d'oliva

Sal i pebre negre recent mòlt

1. Fregueu les patates amb un raspall sota aigua freda. Pelar les patates. Talleu-los a trossos d'1 polzada.

2. Aboqueu oli en una paella de 9 polzades. Poseu la paella a foc mitjà-alt fins que l'oli estigui ben calent i un tros de patata bulli quan s'afegeix.

3. Assecar bé les patates amb paper de cuina. Afegiu les patates a l'oli calent i deixeu-ho coure durant 2 minuts. Gireu les patates i deixeu-ho coure 2 minuts més. Continueu la cocció, girant les

patates cada 2 minuts o fins que estiguin lleugerament daurades per tots els costats, uns 10 minuts en total.

4. Afegiu sal i pebre al gust. Tapeu la cassola i deixeu-ho coure, girant de tant en tant, fins que les patates estiguin tendres quan es travessen amb un ganivet, uns 5 minuts. Serviu immediatament.

Variació: All i patates amb herbes: al pas 4, afegiu 2 grans d'all picats i una cullerada de romaní o sàlvia fresca picada.

Patates i pebrots saltejats

Patates i Pepperoni a la Padella

Dona 6 porcions

Els pebrots, els alls i els pebrots vermells donen sabor a aquest saborós sofregit.

1 1/4 lliures de patates per a tot ús, com Yukon Gold

4 cullerades d'oli d'oliva

2 pebrots vermells o grocs grans, tallats a trossos d'1 polzada

Sal

1/4 tassa de julivert fresc picat

2 grans d'all grans

Pessic de pebrot vermell picat

1. Fregueu les patates amb un raspall sota aigua freda. Peleu les patates i talleu-les a trossos d'1 polzada.

2. En una paella gran, escalfeu 2 cullerades d'oli a foc mitjà. Assecar bé les patates amb paper de cuina i posar-les a la paella.

Cuini, remenant les patates de tant en tant, fins que tot just comencin a daurar-se, uns 10 minuts. Espolvorear amb sal. Tapeu la cassola i deixeu-ho coure durant 10 minuts.

3. Mentre es couen les patates, escalfeu les 2 cullerades d'oli restants en una paella a part a foc mitjà. Afegiu-hi pebre i sal al gust. Cuini, remenant de tant en tant, fins que els pebrots estiguin gairebé tendres, uns 10 minuts.

4. Incorporeu-hi les patates, després afegiu-hi els pebrots. Afegiu julivert, all i pebrot vermell picat. Cuini fins que les patates estiguin tendres, uns 5 minuts. Serviu calent.

Puré de patates amb julivert i all

Schiacciate de patata a l'Aglio i Prezzemolo

Dona 4 porcions

El puré de patates reben un tractament italià amb julivert, all i oli d'oliva. Si us agraden les patates picants, afegiu-hi un gran polsim de pebre vermell triturat.

1 1/4 lliures de patates per a tot ús, com Yukon Gold

Sal

1/4 tassa d'oli d'oliva

1 gra d'all gran, picat finament

1 cullerada de julivert fresc picat

pebre negre recent mòlt

1. Fregueu les patates amb un raspall sota aigua freda. Peleu les patates i talleu-les a quarts. Poseu les patates en una cassola mitjana amb aigua freda per cobrir i sal al gust. Tapar i portar a ebullició. Coure-les durant 15 minuts o fins que les patates estiguin tendres quan les travessen amb un ganivet. Escorreu les patates, reservant una mica d'aigua.

2.Assecar l'olla on es van cuinar les patates. Afegiu 2 cullerades d'oli i all i deixeu-ho coure a foc mitjà fins que l'all sigui fragant, aproximadament 1 minut. Afegiu les patates i el julivert a la paella. Tritureu les patates amb un puré o una forquilla, remenant bé per barrejar-les amb l'all i el julivert. Afegiu l'oli restant, sal i pebre al gust. Afegiu-hi una mica d'aigua de cocció si cal. Serviu immediatament.

Variació: Puré de patates d'oliva: afegiu 2 cullerades d'olives negres o verdes picades just abans de servir.

Patates noves amb herbes i cansalada

Patatine alle Erbe Aromàtica

Dona 4 porcions

Les patates noves són delicioses preparades d'aquesta manera. (Les patates noves no són una varietat. Qualsevol patata acabada de cavar i de pell fina es pot anomenar patata nova.) Utilitzeu una patata per a tots els usos si no hi ha patates noves disponibles.

1/4 lliures de patates noves petites

2 unces de cansalada a rodanxes, a daus

1 ceba mitjana, picada

2 cullerades d'oli d'oliva

1 gra d'all, ben picat

6 fulles d'alfàbrega fresques, tallades a trossos

1 cullerada de romaní fresc picat

1 fulla de llorer

Sal i pebre negre recent mòlt

1. Fregueu les patates amb un raspall sota aigua freda. Peleu-los si voleu. Talleu les patates a trossos d'1 polzada.

2. Combina la pancetta, la ceba i l'oli d'oliva en una paella gran. Coure a foc mitjà fins que estigui tendre, uns 5 minuts.

3. Afegiu-hi les patates i deixeu-ho coure, remenant de tant en tant, durant 10 minuts.

4. Afegiu-hi all, alfàbrega, romaní, llorer i sal i pebre al gust. Tapeu l'olla i deixeu-ho coure durant 20 minuts més, remenant de tant en tant, fins que les patates estiguin tendres quan es travessen amb una forquilla. Afegiu una mica d'aigua si les patates comencen a daurar-se massa ràpidament.

5. Retireu la fulla de llorer i serviu calent.

Patates amb tomàquet i ceba

Patates a la Pizzaiola

Dona de 6 a 8 porcions.

Les patates al forn amb gust de pizza són típiques a Nàpols i altres parts del sud.

2 lliures de patates per a tot ús, com Yukon Gold

2 tomàquets grans, pelats, sense llavors i picats

2 cebes mitjanes, tallades a rodanxes

1 gra d'all, ben picat

1/2 culleradeta d'orenga seca

1/4 tassa d'oli d'oliva

Sal i pebre negre recent mòlt

1. Preescalfeu el forn a 450 ° F. Fregueu les patates amb un raspall sota aigua freda. Peleu-los si voleu. Talleu les patates a trossos d'1 polzada. En una safata de forn prou gran per contenir els ingredients en una sola capa, barregeu les patates, els

tomàquets, la ceba, l'all, l'orenga, l'oli i la sal i el pebre al gust. Repartiu els ingredients uniformement a la paella.

2. Col·loqueu una reixeta al centre del forn. Grill les verdures, remenant 2-3 vegades durant 1 hora o fins que les patates estiguin cuites. Serviu calent.

Patates rostides amb all i romaní

Arrosto de patata

Dona 4 porcions

Mai no en tinc prou d'aquestes patates cruixents. Ningú els pot resistir. El truc per fer-los és fer servir una paella prou gran perquè els trossos de patates amb prou feines es toquin i no s'apilin els uns sobre els altres. Si la vostra paella no és prou gran, utilitzeu una paella de gelatina de 15 x 10 x 1 polzada o dues paelles més petites.

2 lliures de patates per a tot ús, com Yukon Gold

1/4 tassa d'oli d'oliva

1 cullerada de romaní fresc picat

Sal i pebre negre recent mòlt

2 grans d'all, ben picats

1. Col·loqueu una reixeta al centre del forn. Preescalfeu el forn a 400 ° F. Fregueu les patates amb un raspall sota aigua corrent freda. Peleu-los si voleu. Talleu les patates a trossos d'1 polzada. Assecar les patates amb paper de cuina. Col·loqueu-los en una paella prou gran com per contenir les patates en una sola capa.

Regar amb oli i tirar amb romaní i sal i pebre al gust. Repartiu les patates uniformement.

2. Grill les patates, remenant cada 15 minuts durant 45 minuts. Afegiu-hi els alls i deixeu-ho coure durant 15 minuts més o fins que les patates estiguin tendres. Serviu calent.

Patates rostides amb bolets

Patates i fongs al forn

Dona 6 porcions

Les patates recullen algunes de les aromes dels bolets i els alls mentre es fregeixen a la mateixa olla.

1 1/2 lliures de patates per a tot ús, com Yukon Gold

1 lliura de bolets, qualsevol tipus, a la meitat o a quarts si són grans

1 1/4 tassa d'oli d'oliva

2 o 3 grans d'all, tallats a rodanxes fines

Sal i pebre negre recent mòlt

2 cullerades de julivert fresc picat

1. Col·loqueu una reixeta al centre del forn. Preescalfeu el forn a 400 ° F. Fregueu les patates amb un raspall sota aigua corrent freda. Peleu-los si voleu. Talleu les patates a trossos d'1 polzada. Col·loqueu les patates i els bolets en una safata gran apta per al forn. Remeneu les verdures amb oli, all i un bon polsim de sal i pebre.

2. Grill les verdures durant 15 minuts. Llenceu-los bé. Coure al forn durant 30 minuts més, remenant de tant en tant, o fins que les patates estiguin tendres. Espolvorear amb julivert picat i servir calent.

Patates i coliflor, estil Basilicata

Patates i Cavolfiore al Forn

Fes del 4 al 6

Tireu una paella amb patates i coliflor al forn juntament amb una mica de porc rostit o pollastre per a un bon sopar de diumenge. Les verdures han de quedar cruixents i daurades per les vores, i el seu sabor s'ha de potenciar amb l'olor de l'orenga.

1 coliflor petita

1/4 tassa d'oli d'oliva

3 patates mitjanes per a tot ús, com Yukon Gold a quarts

1/2 culleradeta d'orenga seca, esmicolada

Sal i pebre negre recent mòlt

1. Talleu la coliflor en floretes de 2 polzades. Retalla els extrems de les tiges. Talleu les tiges gruixudes transversalment en rodanxes d'1/4 de polzada.

2. Col·loqueu una reixeta al centre del forn. Preescalfeu el forn a 400 ° F. Aboqueu oli en una paella de 13 × 9 × 2 polzades. Afegir

les verdures i remenar bé. Espolvorear amb orenga i sal i pebre al gust. Torna a barrejar.

3. Coure al forn durant 45 minuts o fins que les verdures estiguin tendres i daurades. Serviu calent.

Patates i col a la paella

Patate e Cavolo a Tegame

Dona de 4 a 6 porcions

Les versions d'aquest plat es troben a tota Itàlia. Al Friül s'afegeix la pancetta fumada a la paella amb la ceba. M'agrada aquesta versió senzilla de Basilicata. El color rosat de les cebes complementa les cremoses patates blanques i la kale. Les patates es tornen tan blanques que semblen un puré de patates quan la col està tendra.

3 cullerades d'oli d'oliva

1 ceba vermella mitjana, picada

1/2 cap de col mitjana, a rodanxes fines (unes 4 tasses)

3 patates mitjanes per a tot ús, com Yukon Gold, pelades i tallades a trossos petits

1/2 tassa d'aigua

Sal i pebre negre recent mòlt

1. Aboqueu l'oli en una paella gran. Afegiu la ceba i deixeu-ho coure a foc mitjà, remenant sovint, fins que estigui suavitzat, uns 5 minuts.

2. Afegiu-hi la col, les patates, l'aigua i sal i pebre al gust. Tapar i coure, remenant de tant en tant, durant 30 minuts o fins que les verdures estiguin tendres. Afegiu una mica més d'aigua si les verdures es comencen a enganxar. Serviu calent.

Pastís de patata i espinacs

Torta di Patate e Spinaci

Dona 8 porcions

Quan vaig menjar aquest pastís de verdures en capes a Roma, estava fet amb radicchio en lloc d'espinacs. La radicchio romana sembla un dent de lleó jove o una rúcula madura. Els espinacs són un bon substitut del radicchio. Per obtenir el millor sabor, assegureu-vos de deixar refredar una mica aquest plat abans de servir.

2 lliures de patates per a tot ús, com Yukon Gold

Sal

4 cullerades de mantega sense sal

1 ceba petita, picada molt fina

1/2 lliures d'espinacs, radicchio, dent de lleó o bledes, tallats

1/2 tassa d'aigua

1/2 tassa de llet tèbia

1 tassa de Parmigiano-Reggiano ratllat

pebre negre recent mòlt

1 cullerada de pa ratllat

1. Fregueu les patates amb un raspall sota aigua freda. Peleu les patates i poseu-les en una cassola mitjana amb aigua freda per cobrir. Afegiu sal i tapeu la paella. Portar a ebullició i coure uns 20 minuts o fins que les patates estiguin tendres.

2. En una paella petita, fonem 2 cullerades de mantega a foc mitjà. Afegiu la ceba i sofregiu, remenant regularment, fins que la ceba estigui tendra i daurada.

3. Poseu els espinacs en una olla gran amb 1/2 tassa d'aigua i sal al gust. Tapa i cuini fins que estigui tendre, uns 5 minuts. Escorreu bé i traieu l'excés de líquid. Picar els espinacs en una taula.

4. Poseu els espinacs a la paella i remeneu-los juntament amb la ceba.

5. Quan les patates estiguin tendres, escorreu-les i tritureu-les fins que estiguin homogènies. Afegiu-hi les 2 cullerades de mantega restants i la llet. Afegiu-hi 3/4 tassa de formatge i barregeu-ho bé. Salpebrem al gust.

6. Col·loqueu una reixeta al centre del forn. Preescalfeu el forn a 375 °F.

7. Unteu generosament una safata de 9 polzades. Repartiu la meitat de les patates al plat. Feu una altra capa de tots els espinacs. A sobre amb la resta de patates. Espolvorear amb la resta de 1/4 tassa de formatge i el pa ratllat.

8. Coure al forn de 45 a 50 minuts o fins que la part superior estigui daurada. Deixeu reposar 15 minuts abans de servir.

Croquetes de patates napolitanes

Panzerotti o Crocche

fa uns 24 anys

A Nàpols, les pizzeries han instal·lat parades a les voreres per vendre aquests saborosos puré de patates en una jaqueta de pa ratllat cruixent, cosa que facilita als transeünts menjar-les per dinar o per berenar. Tanmateix, aquesta és la recepta de la meva àvia. Menjàvem hash browns per a les festes i ocasions festives durant tot l'any, normalment com a acompanyament del rostit de vedella.

2 1/2 lliures de patates per a tot ús, com Yukon Gold

3 ous grans

1 tassa de Pecorino Romano o Parmigiano-Reggiano acabat de ratllar

2 cullerades de julivert fresc picat

1/4 tassa de salami picat finament (unes 2 unces)

Sal i pebre negre recent mòlt

2 tasses de molla de pa sec

Oli vegetal per fregir

1. Fregueu les patates amb un raspall sota aigua freda. Poseu les patates en una olla gran amb aigua freda per cobrir. Tapeu l'olla i porteu l'aigua a ebullició. Coure a foc mitjà fins que les patates estiguin tendres quan es travessen amb una forquilla, uns 20 minuts. Escorreu les patates i deixeu-les refredar una mica. Pelar les patates. Col·loqueu-los en un bol gran i tritureu-los amb un puré o una forquilla fins que quedi suau.

2. Separem els ous, posem els rovells en un bol petit i desem les clares en un plat pla. Esteneu el pa ratllat sobre un tros de paper encerat.

3. Afegiu els rovells d'ou, el formatge, el julivert i el salami al puré de patates. Afegiu sal i pebre al gust.

4. Utilitzant aproximadament 1/4 tassa de la barreja de patates, formeu una botifarra d'aproximadament 1 polzada d'ample i 21/2 polzades de llarg. Repetiu amb la resta de patates.

5. Bateu les clares amb una batedora o una forquilla fins que quedi espumosa. Submergeix les patates a les clares, després enrotlla-les per les molles, cobrint-les completament. Col·loqueu els pals sobre una reixeta i deixeu-los assecar entre 15 i 30 minuts.

6. Aboqueu aproximadament 1/2 polzada d'oli en una paella gran i pesada. Escalfeu a foc mitjà fins que una mica de la clara d'ou

bulli mentre s'aboca a l'oli. Col·loqueu amb cura alguns dels troncs a la paella, deixant una mica d'espai entre ells. Rostir, girant de tant en tant amb unes pinces, fins que es dauri uniformement, uns 10 minuts. Transferiu les croquetes daurades a tovalloles de paper per escórrer.

7. Serviu immediatament o manteniu les croquetes calentes al forn baix mentre fregiu la resta.

Pastís de patata napolitana del pare

Gatto'

Dona de 6 a 8 porcions

Gatto' ve del francès gateau, que significa "pastís". La derivació em fa creure que aquesta recepta va ser popularitzada pels monzu de formació francesa, cuiners que cuinaven per a aristòcrates a la cort de Nàpols.

A casa nostra en dèiem pastís de patates i si no tinguéssim croquetes de patates per al sopar de diumenge tindríem aquest plat de patates que era l'especialitat del meu pare.

2 1/2 lliures de patates per a tot ús, com Yukon Gold

Sal

¼ tassa de molla de pa sec

4 cullerades (1/2 pal) de mantega sense sal, estovada

1 tassa de llet tèbia

1 tassa més 2 cullerades de Parmigiano-Reggiano ratllat

1 ou gran, batut

¼ culleradeta de nou moscada acabada de ratllar

Sal i pebre negre recent mòlt

8 unces de mozzarella fresca, picada

4 unces de salami o prosciutto italià importat, picat

1. Fregueu les patates amb un raspall sota aigua freda. Poseu les patates en una olla gran amb aigua freda per cobrir. Afegiu sal al gust. Tapeu l'olla i porteu l'aigua a ebullició. Coure a foc mitjà fins que les patates estiguin tendres quan es travessen amb una forquilla, uns 20 minuts. Escorreu i deixeu refredar una mica.

2. Col·loqueu una reixeta al centre del forn. Preescalfeu el forn a 400 ° F. Unteu una safata de forn de 2 quarts. Espolvorear amb el pa ratllat.

3. Peleu les patates, poseu-les en un bol gran i tritureu-les amb un puré o una forquilla fins que quedi suau. Afegiu 3 cullerades de mantega, llet, 1 tassa de Parmigiano, ou, nou moscada i sal i pebre al gust. Afegiu la mozzarella i el salami.

4. Repartiu la barreja uniformement al plat preparat. Espolvorear amb el parmigiano restant. Unteu amb la 1 cullerada de mantega restant.

5. Coure al forn de 35 a 45 minuts o fins que la part superior estigui daurada. Deixeu reposar breument a temperatura ambient abans de servir.

tomàquets fregits

Pomodori a Padella

Dona de 6 a 8 porcions

Serviu-los com a guarnició de carns a la planxa o fregides, o a temperatura ambient, triturades sobre pa torrat com a entrant.

8 tomàquets pruna

1/4 tassa d'oli d'oliva

2 grans d'all, ben picats

2 cullerades d'alfàbrega fresca picada

Sal i pebre negre recent mòlt

1. Rentar els tomàquets i assecar-los. Utilitzeu un ganivet petit per tallar la tija de cada tomàquet i treure'l. Talleu els tomàquets per la meitat al llarg.

2. En una paella gran, escalfeu l'oli amb l'all i l'alfàbrega a foc mitjà. Afegiu les meitats de tomàquet, amb el costat tallat cap avall. Espolvorear amb sal i pebre. Cuini fins que els tomàquets estiguin daurats i tendres, uns 10 minuts. Serviu calent o a temperatura ambient.

tomàquets al vapor

Pomodori al vapor

Dona 4 porcions

Aquí, els petits tomàquets dolços es couen amb el seu propi suc. Serviu-los com a guarnició de carn o peix, o poseu-los a sobre d'una frittata. Si els tomàquets no són prou dolços, afegiu-hi una mica de sucre mentre es couen.

1 pinta de tomàquets cherry o raïm

2 cullerades d'oli d'oliva verge extra

Sal

6 fulles d'alfàbrega, apilades i tallades a tires fines

1. Rentar els tomàquets i assecar-los. Talleu-los per la meitat per la tija. Combina els tomàquets, l'oli i la sal en una cassola petita. Tapeu la paella i poseu-ho a foc lent. Coure durant 10 minuts o fins que els tomàquets estiguin tous però mantinguin la seva forma.

2. Afegiu alfàbrega. Serviu calent o a temperatura ambient.

tomàquets al forn

Pomodori al Forno

Dona 8 porcions

Un recobriment de pa ratllat condimenta aquests tomàquets. Són bons per a peix a la brasa i la majoria de plats d'ou.

8 tomàquets pruna

1 tassa de pa ratllat

4 filets d'anxova, ben picats

2 cullerades de tàperes, esbandides i escorregudes

1/2 tassa de pecorino romà acabat de ratllar

1/2 culleradeta d'orenga seca

3 cullerades d'oli d'oliva

Sal i pebre negre recent mòlt

1. Rentar i assecar els tomàquets. Talleu els tomàquets per la meitat al llarg. Amb una cullera petita, traieu les llavors en un colador de malla fina sobre un bol per recollir el suc. Torneu el

pa ratllat en una paella gran a foc mitjà, remenant sovint, fins que estigui fragant, no daurat, uns 5 minuts. Retirar del foc i deixar refredar una mica.

2. Col·loqueu una reixeta al centre del forn. Preescalfeu el forn a 400 ° F. Unteu una safata de forn gran. Col·loqueu la pell de tomàquet tallada cap amunt a la paella.

3. Afegiu pa ratllat, anxoves, tàperes, formatge, orenga i sal i pebre al bol amb el suc de tomàquet. Afegiu 2 cullerades d'oli d'oliva. Ompliu la barreja amb pells de tomàquet. Regar amb la cullerada d'oli restant.

4. Coure al forn durant 40 minuts o fins que els tomàquets estiguin tendres i les molles estiguin daurades. Serviu calent.

Tomàquets farcits de Farro

Pomodori Ripieni

Dona 4 porcions

Farro, un gra antic popular a Itàlia, fa un farcit excel·lent per als tomàquets quan es barreja amb formatge i ceba. Vaig tenir una cosa així a L'Angolo Divino, una vinoteca de Roma.

1 tassa de farro semiperlat (o bulgur o substitut de segó de blat)

Sal

4 tomàquets rodons grans

1 ceba petita, picada finament

2 cullerades d'oli d'oliva

¼ tassa de Pecorino Romano o Parmigiano-Reggiano ratllat

pebre negre recent mòlt

1. En una cassola mitjana, poseu 4 tasses d'aigua a ebullició. Afegiu el farro i la sal al gust. Cuini fins que el farro estigui tendre però encara mastegat, uns 30 minuts. Escorreu el farro i poseu-lo en un bol.

2. En una cassola petita, coure la ceba amb l'oli a foc mitjà fins que estigui daurada, uns 10 minuts.

3. Col·loqueu una reixeta al centre del forn. Preescalfeu el forn a 350 ° F. Unteu una safata de forn petita prou gran com per contenir els tomàquets.

4. Rentar i assecar els tomàquets. Talleu una rodanxa d'1/2 polzada de gruix de la part superior de cada tomàquet i reserveu-la. Utilitzeu una cullera petita per treure l'interior dels tomàquets i col·loqueu la polpa en un colador de malla fina sobre un bol. Col·loqueu les pells de tomàquet a la safata del forn.

5. Al bol amb el farro, afegiu-hi el líquid de tomàquet colat, la ceba sofregida, el formatge i sal i pebre al gust. Aboqueu la barreja a les pells del tomàquet. Cobriu els tomàquets amb la part superior reservada.

6. Coure al forn 20 minuts o fins que els tomàquets estiguin tendres. Serviu calent o a temperatura ambient.

Tomàquets farcits romans

Pomodori Ripieni alla Romana

Dona 6 porcions

Es tracta d'un plat clàssic romà, que se sol menjar a temperatura ambient com a primer plat.

³1/4 tassa d'arròs de gra mitjà, com ara Arborio, Carnaroli o Vialone Nano

Sal

6 tomàquets rodons grans

4 cullerades d'oli d'oliva

3 filets d'anxova, ben picats

1 gra d'all petit, picat finament

¹1/4 tassa d'alfàbrega fresca picada

¼ tassa de Parmigiano-Reggiano ratllat

1. Porteu 1 litre d'aigua a ebullició a foc fort. Afegiu l'arròs i 1 culleradeta de sal. Reduïu el foc a baix i cuini a foc lent durant 10

minuts o fins que l'arròs estigui parcialment cuit però encara molt ferm. Escorreu bé. Poseu l'arròs en un bol gran.

2. Col·loqueu una reixeta al centre del forn. Preescalfeu el forn a 350 ° F. Unteu una safata de forn prou gran per contenir els tomàquets.

3. Talleu una rodanxa d'1/2 polzada de la part superior dels tomàquets i reserveu-ho. Utilitzeu una cullera petita per treure l'interior dels tomàquets i col·loqueu la polpa en un colador de malla fina sobre un bol. Poseu les pells de tomàquet a la paella.

4. Al bol amb l'arròs, afegiu el líquid de tomàquet colat i l'oli, les anxoves, l'all, l'alfàbrega, el formatge i la sal al gust. Remeneu-ho bé. Aboqueu la barreja a les pells del tomàquet. Cobriu els tomàquets amb la part superior reservada.

5. Coure al forn durant 20 minuts o fins que l'arròs estigui tendre. Serviu calent o a temperatura ambient.

Tomàquets rostits amb vinagre balsàmic

Pomodori balsàmic

Dona 6 porcions

El vinagre balsàmic té una manera gairebé màgica de potenciar el sabor de les verdures. Proveu aquest senzill plat i serviu-lo com a entrant o amb carn.

8 tomàquets pruna

2 cullerades d'oli d'oliva

1 cullerada de vinagre balsàmic

Sal i pebre negre recent mòlt

1. Col·loqueu una reixeta al centre del forn. Preescalfeu el forn a 375 ° F. Unteu una safata prou gran com per contenir els tomàquets en una sola capa.

2. Rentar els tomàquets i assecar-los. Talleu els tomàquets per la meitat al llarg. Raspau les llavors de tomàquet. Col·loqueu les meitats de tomàquet amb els costats tallats cap amunt a la paella. Regar amb oli i vinagre i espolvorear amb sal i pebre.

3. Coure els tomàquets durant 45 minuts o fins que estiguin tendres. Servir a temperatura ambient.

carpaccio de carbassó

Carpaccio a Giallo e Verde

Dona 4 porcions

Primer vaig menjar una versió més senzilla d'aquesta refrescant amanida a casa d'uns amics enòlegs a la Toscana. Amb els anys l'he vestit amb una combinació de carbassons grocs i verds i afegint menta fresca.

2-3 carbassons petits, preferiblement una barreja de groc i verd

3 cullerades de suc de llimona fresc

1/3 tassa d'oli d'oliva verge extra

Sal i pebre negre recent mòlt

2 cullerades de menta fresca picada finament

Unes 2 unces de Parmigiano-Reggiano, en 1 peça

1. Frega el carbassó amb un raspall sota aigua freda. Retalla els extrems.

2. Talleu el carbassó a rodanxes molt fines en un processador d'aliments o en una mandolina. Col·loqueu les rodanxes en un bol mitjà.

3. En un bol petit, barregeu el suc de llimona, l'oli d'oliva i la sal i el pebre al gust fins que estiguin combinats. Afegiu-hi la menta. Espolvorear amb carbassó i barrejar bé. Repartiu les rodanxes en un plat poc profund.

4. Utilitzeu un pelador de verdures per afaitar el Parmigiano a rodanxes fines. Repartiu les rodanxes sobre el carbassó. Serviu immediatament.

www.ingramcontent.com/pod-product-compliance
Lightning Source LLC
Chambersburg PA
CBHW050345120526
44590CB00015B/1564